Katrin Jantz | Hanna Münch

Hoffentlich gibt's da oben Currywurst und Kuchen

HANNA MÜNCH KATRIN JANTZ

HOFFENTLICH GIBT'S DA OBEN CURRYWURST UND KUCHEN

Unsere Begegnungen
mit Senioren und Señoritas
zwischen Lachfalten und
Lebenslast

BONIFATIUS

Bibliografische Information der Deutschen Nationalbibliothek:
Die Deutsche Nationalbibliothek verzeichnet diese Publikation in der Deutschen Nationalbibliografie; detaillierte bibliografische Daten sind im Internet über http://dnb.d-nb.de abrufbar.

Klimaneutrale Produktion.
Gedruckt auf umweltfreundlichem, chlorfrei gebleichtem Papier.

MIX
Papier | Fördert gute Waldnutzung
FSC® C083411

Klimaschutz-Beitrag
First Climate.com
2024
CO_2-Zertifikate

Die im Vor- und Nachsatz abgebildeten Personen sind mit einer Veröffentlichung der Bilder einverstanden.

Um die Privatsphäre der in den Erzählungen genannten Personen zu schützen, wurden deren Namen anonymisiert oder verfremdet.

Redaktionelle Bearbeitung: Joachim Zeller

Umschlaggestaltung: Weiss Werkstatt München, *werkstattmuenchen.com*
Umschlagfoto: © Nik Schölzel
Fotos im Vor- und Nachsatz: Martina Dach und Nik Schölzel
Satz: Bonifatius GmbH, Paderborn
Druck und Bindung: CPI books GmbH, Leck
Printed in Germany

ISBN 978-3-98790-043-3

Weitere Informationen zum Verlag:
www.bonifatius-verlag.de

Inhalt

Vorwort

Manche Geschichten werden geschrieben, und manche Geschichten geschehen einfach. Vielleicht auch nicht ganz so einfach, denn es gibt Geschichten, die zum Geschehen etwas Hilfe brauchen. Dieses Buch erzählt von ihnen.

Es sind die Geschichten, die gelebt werden und die sich zwischen den Falten der Haut einbetten. Sie zeigen sich in den Gesichtern der Menschen, zu denen sie gehören. Die Atemzüge eines jeden von uns schreiben sie. Sie prägen und formen uns langsam, aber stetig als Gezeiten unserer Welt. Diese Geschichten des Lebens sind unser Schatz. Ein Schatz, der, wenn wir ihn teilen, nicht weniger wird.

Worte reichen selten, um die Tiefe des Lebens zu erfassen, und so zeigen wir das Unsagbare in Gesten, in Blicken, in unserem Sein. Wenn die Zeit einen alles ebnenden Mantel um uns legt, kommen manchmal unsere Geschichten immer weniger zum Ausdruck. Bis wir selbst sie zwar noch fühlen, aber auch schon in uns selbst vergraben haben. Doch wer kann dann einen Weg finden, diese Geschichten des Lebens zu fühlen und sie wieder aufatmen zu lassen? Warum nicht Clowns? Für sie ist der Weg zum Menschen schon immer die einzige Richtung gewesen. Ein Clown kennt keine Unterschiede zwischen den Menschen. Vor Justitia sind vielleicht alle gleich, König wie Bauer, doch ein Clown weiß nicht einmal, was ein König und was ein Bauer ist, deswegen begegnet er auch allen mit Neugier, Freude und Witz.

Ich kenne zwei wunderbare Frauen, die als Clowns so viele dieser Geschichten unter Hunderten von Lebensjahren hervorgeholt haben, ohne überhaupt danach zu suchen. Es ist fast wie ein universelles Gesetz, dass wir manchmal nach dem Einen suchen und am Ende etwas ganz anderes kriegen. Hanna und Katrin versuchen nicht, die Lebensgeschichte eines Menschen zu finden, wenn sie ihre Spuren in Altersheimen ziehen. Sie suchen nach Kontakt, nach einer Berührung, nach einem Aufblicken. Sie wissen ganz genau um den Schatz, den jeder Mensch in sich trägt. Weil das Wesentliche für das Auge unsichtbar ist, haben sie gelernt, mit dem Herzen zu sehen und durch die Augen nach außen zu strahlen.

Alles, was uns ganz einfach von der Hand zu kommen scheint, ist meist ein Zeugnis von Exzellenz und jahrelanger Erfahrung. Um den Zauber in die Welt zu bringen, lernen wir Clowns von der zauberhaften Welt. Wir lernen so viel von anderen. Ob es nun die ganz großen Clowns unserer Geschichte sind oder die kleinen Augenblicke im Leben, die uns den Funken weitergeben. Mal sind es auch Kinderbücher oder eine Szene aus einem Theaterstück, die uns inspirieren. Letztendlich ist es das Öffnen unseres Herzens für das Wunderbare, das uns hilft, immer wieder aufs Neue zu zaubern.

Sie sollten sehen, wie die beiden zaubern können. Die Atmosphäre verändert sich regelrecht, wenn die Clowns Liesel und Lotti einen Raum betreten. Dieses Gefühl ist vielleicht mit dem Zeitpunkt nach einem Sommerregen vergleichbar. Wenn die Luft nicht mehr trocken ist, sich der Staub gesetzt hat und die nasse Erde dampft. Wenn nach langer Schwüle es sich wieder leichter atmen lässt. Liesel und Lotti nehmen dich bei der Hand und führen dich in eine vertraute Welt, wo du einfach du selbst sein kannst. Dieses Gefühlsfest ebbt auch nicht sofort ab. Nachdem sie einen Raum verlassen haben, wirkt ihr Besuch noch lange nach.

Zum Glück lesen Sie nun dieses Buch, denn es ist einzigartig, mit welcher Liebe und Sanftmut die beiden den Menschen begegnen. Damit meine ich nicht, dass sie immer leise und sanft sind. Tatsächlich ist nichts und niemand vor ihnen sicher, weder das Mobiliar noch die BewohnerInnen oder das Personal. Aber so viel Respekt und auch Liebe, die sie ihrem Gegenüber entgegenbringen, habe ich selten erlebt.

Dieses Buch ist voll von Begegnungen, die wirklich geschehen sind. Es erzählt vom Leben, wie es ist. Ich lade Sie ein, die kommenden Wunder zu erleben und Liesel, Lotti und ihre KollegInnen kennenzulernen.

Natalia Nazarenko

Einleitung

Wie wunderbar, wenn eine junge Kollegin wie Natalia Nazarenko, die uns manchmal bei Einsätzen begleitet, das auszudrücken vermag, was man selbst gar nicht in Worte fassen kann.

Egal wo man sich bewegt, es kommt die Frage: „Was machen Sie beruflich?"

„Ich bin Clown und arbeite in verschiedenen Einrichtungen."

„Ach ja, davon habe ich schon gehört. Sie arbeiten in der Kinderklinik und bespaßen da die kranken Kinder."

So oder so ähnlich beginnt oft ein Dialog mit Leuten, die wir neu kennenlernen.

Umso spannender werden dann die Gespräche, wenn wir erzählen, wo wir überall als Clown arbeiten.

Es sind Seniorenheime, Demenzstationen, Gerontopsychiatrische Stationen, Einrichtungen für körperlich und/oder geistig beeinträchtigte Kinder und Erwachsene, Wachkomastationen und Hospize.

Teilweise kommen erst fragende Blicke oder auch mal ein „Aha" oder „Das finde ich gut", aber wir merken immer wieder recht schnell, dass sich viele Menschen noch überhaupt nichts darunter vorstellen können.

Auch dass ein Gesundheits-, Klinik-, Kontakt- oder Therapie-Clown ein richtiger Beruf ist, wofür es einer fundierten Ausbildung und immer wieder Fortbildungen bedarf, ist den meisten nicht bewusst.

Heiterkeit und Humor als Intervention bei kranken Erwachsenen, Menschen im Alter, Menschen mit Demenz und auch Palliativ-Patienten, ja, das ist möglich und eine wunderbare, notwendige Arbeit.

In vielen Pflegeheimen ist die Situation angespannt: Personalmangel, geringe Anerkennung bei maximaler Arbeitsbelastung, Zeitdruck, entmutigte BewohnerInnen und der bürokratische Wahnsinn. Ist Humor in solch einer prekären Lage überhaupt möglich?

Doch der Clown ist nicht nur für den Humor da; er trägt wie alle Menschen verschiedenste Emotionen in sich. Wir holen die Menschen, welche wir besuchen, genau da ab, wo sie gerade stehen. Konzentrieren uns auf den gesunden Teil und nehmen jede Situation mit Würde und Respekt ernst.

Wie sieht das in der Praxis aus?

Wir kommen im Heim an, ziehen uns um und bekommen eine kleine Übergabe, wenn seitens der Einrichtung genügend Zeit dazu ist. Dann wärmen wir uns auf und schlüpfen in unseren Clown, indem wir zuletzt die rote Nase anziehen.

Dann geht es los. Falls eine Cafeteria auf dem Weg zu den Zimmern liegt, gehen wir auch dort hinein und schauen, was gerade für Themen im Raum sind, oder hören auf unsere eigenen Impulse.

Es geht weiter über die langen Flure, auf denen man auch schon dem ein oder anderen Bewohner oder Angehörigen begegnet. Bei den Zimmern klopfen wir erst vorsichtig an und erspüren, ob wir erwünscht sind. Wenn wir jemanden neu kennenlernen, nehmen wir aufmerksam erst mal wahr, was er oder sie für Bilder an der Wand hat, welche Gegenstände im Raum sind. In der Clownsausbildung spricht man von „Zimmer lesen“. Hier kann man oft schon anknüpfen und in die Interaktion kommen.

Mit der Zeit entsteht oft eine tiefe Vertrautheit zwischen uns und den BewohnerInnen. So kommt es auch, dass wir oft zum „Du“ übergehen und manchmal dürfen wir sogar Spitznamen verwenden. Das passiert immer liebevoll mit ganz viel Respekt. So begrüßen wir in der Cafeteria die Anwesenden auch gerne mit „Liebe Senioren und Señoritas“, was meist schon großes Gelächter zur Folge hat.

Auch das Personal und die Angehörigen werden ins Spiel mit einbezogen und bekommen hier und da das, was gerade nötig ist. Mit Feingefühl stellt sich der Clown auf die gegebene Situation ein. Das kann ein offenes Ohr, eine lange kuschelige Umarmung oder auch ein verständnisvoller Blick sein.

Über Humor und Lachen (Gelotologie) und deren Wirkung gibt es wissenschaftliche Studien, worin gezeigt wird, wie es dem Menschen in jeglicher Situation guttun kann. Lachen hat therapeutische Eigenschaften, und dies steht im Fokus unserer Arbeit.

Wir, Katrin Jantz alias Clown Liesel und Hanna Münch alias Clown Lotti, haben noch andere ClownskollegInnen, mit denen wir manchmal im Einsatz sind und einige der Geschichten in diesem Buch erlebt haben.

Dass wir immer zu zweit arbeiten, hat seinen Grund. Einmal, weil wir dann miteinander agieren können, falls der ein oder andere Bewohner nicht gleich direkt mit einbezogen werden möchte. Und dann ist es auch manchmal wichtig, beispielsweise am Sterbebett, dass nur einer am Bett ist, der andere aber hinten steht und Kraft gibt und den Raum hält und man sich hinterher austauschen kann, wenn mal was schwierig zu verarbeiten ist.

Seit Jahren besuchen wir nun die verschiedensten Einrichtungen, teils wöchentlich, vierzehntägig oder einmal im Monat. Tagtäglich dürfen wir große und kleine Wunder erleben und unfassbar spannende Menschen kennenlernen.

Der Clown darf manche Welten so schnell betreten, dass es kaum zu erklären ist, wie rasch die Menschen zu uns Beziehungen und Vertrauen aufbauen.

Oft gehen wir voller Demut und Dankbarkeit aus den Einsätzen, und so hat es uns auch beflügelt, diese Geschichten aufzuschreiben, sodass viele dieser Momente geteilt werden können. Zum Staunen, zum Schmunzeln, zum Verstehen, aber auch um vielleicht dem einen oder anderen die Hand zu reichen, um in erkannten oder noch kommenden schwierigen Situationen einen Perspektivwechsel zu versuchen. Um auch mal heiter zu scheitern, auch mal zu stolpern und nicht perfekt zu sein.

Wir alle können so viel von diesen Menschen lernen, wir können die Angst vor dem Alter verlieren und wir können über den Tod sprechen.

Die Geschichten hier im Buch sind alle genauso geschehen, ungefiltert und authentisch möchten wir diese mit Ihnen immer wieder erleben.

Katrin Jantz und Hanna Münch

Clown: „Ich komme jetzt regelmäßig und Sie bringen mir Englisch bei?"
Mrs. Halford, 91 Jahre (ehemalige Englischlehrerin): „Nein, ich habe Urlaub."

Party auf der Demenzstation

Die Aufzugtür zur Demenzstation öffnet sich und Liesel und Lotti befinden sich direkt mitten in der Cafeteria: Großes „Hallo" und dicke Umarmungen von den Pflegern, die Crème de la Crème von ihnen hat heute Dienst. Das merkt man auch sofort an der Stimmung der BewohnerInnen, die von einer heiteren Leichtigkeit gekennzeichnet ist.

Frau Lau scheint sogar richtig in Hochform zu sein, ein trockener Spruch jagt den nächsten, und das Wunderbare daran ist, dass sie sich dabei immer selbst vor Lachen kaum auf dem Stuhl halten kann. Lotti kniet sich zu ihr hin und hat nur einen Gedanken: All das aufzuschreiben, was diese Frau sagt und wie liebevoll und humoristisch sie mit sich und ihrer Situation umgeht. Frau Lau tippt Lotti auf die Schulter und zeigt auf eine etwas jüngere, sehr stark an Demenz erkrankte Dame, die neben Lotti im Rollstuhl sitzt: „Guck, do isch mei Oma, die isch so a Guate und singa ka se wia a Vögele.“ Lotti kuschelt sich an die Dame im Rollstuhl und gibt zu, dass das wirklich eine tolle Oma ist und so was von kuschelig. „Do hinta sitzt a Ma, der hot Hosa a!“, kommt von Frau Lau, und Lotti und die Oma im Rollstuhl müssen kichern.

In einer anderen Ecke sitzt Herr Beethoven, der ja logischerweise sehr musikalisch ist. Er fordert zwischendurch immer mal wieder ein Liedchen und quittiert dieses dann mit einem fröhlichen „Jiiiccha!“.

Unterdessen laufen Herr Baum und sein Sohn im Gang direkt auf Liesel zu. Auch Herr Baum, der sonst oft am Tisch sitzt und schläft, ist heute in Höchstform. Er strahlt Liesel über beide Backen an und erklärt ihr in seiner ihm eigenen Sprache, was heute zu machen ist. Liesel stimmt ihm überschwänglich zu, was noch mehr Begeisterung bei ihm auslöst. Der Sohn stellt sich unauffällig an die Seite und beobachtet das Geschehen mit leuchtenden Augen.

Inzwischen ist auch Lotti dazugekommen, und Herr Baum möchte den beiden Clowns was zeigen. Er beugt sich hinunter, krempelt seine Hosen hoch, streckt sein Bein nach vorne und demonstriert ausgiebig seine beigefarbenen Thrombosestrümpfe und seine darüber gezogenen Socken, die in Sandalen stecken.

Liesel und Lotti schauen sich das interessiert an, beugen sich ebenfalls nach vorne und zeigen dann ihrerseits ihre grünen und roten „Thrombose“-Strümpfe, was wiederum bei Herrn Baum für großartige Stimmung sorgt.

Als das Thema ausführlich erörtert ist, machen die drei sich wieder gerade. Jetzt wird Lotti von Herrn Baum noch ordentlich gerichtet, dann wird gesungen und schließlich auch getanzt.

„Jiiiecha!“ schallt es aus der Beethoven-Ecke. Eine Dame, die eben noch sehr zusammengesunken am Tisch saß, gesellt sich plötzlich dazu, hebt den Kopf, der wegen der Osteoporose normalerweise immer unten ist, und schaut mit strahlenden Augen in die Runde. Liesel nimmt sie an den Händen und sie tanzen vorsichtig über den Flur.

Nach der ganzen Tanzerei stellt Herr Baum plötzlich ganz klar fest: „Man kann nicht alles haben, aber die Hälfte haben wir schon.“ Jiiiecha!

Alte Liebe

In einem Zimmer bei einem schon 60 Jahre verheirateten Pärchen. Dame: „Ich würde dann nun gern sterben."
Clown: „Okay, dann melde ich Sie jetzt mal im Himmel an."
Ihr Mann liegt auf dem Bett und lauscht unserem Gespräch.
Clown: „Also gut, für ab sofort eine Wolke für zwei."
Die Dame winkt ab und sagt: „Bitte nicht, bitte nur für mich allein, er kann ruhig noch eine Weile dableiben."
Und ihr Blick war schon fast flehend, aber mit einem Lächeln.
Mitunter wollte sie nur einmal ihre Ruhe haben.

„Früher dachte ich immer, ich muss was machen, damit was passiert. Heute weiß ich, dass manche Dinge einfach auf einen zukommen, ganz ohne dass man irgendwas macht."
Dr. Wilmer, 98 Jahre

Der Doktor

Die Clowns kommen heute mit leeren Händen zum „Dottore". Kein Gedicht, keinen Gedanken, kein Thema haben sie im Gepäck – nur eine Bitte: Sie möchten was erfahren. Etwas aus seinem Leben, was ihn berührt hat.

Der Doktor muss lachen, aber man sieht ihm sofort an, dass er bereits angefangen hat nachzudenken. Er ist blitzgescheit und wahnsinnig schnell mit seinen 98 Jahren. Als die Clowns ihn das erste Mal besuchten, fiel es ihm schwer, sich auf so Quatschnasen einzulassen. Da er aber nicht unhöflich sein wollte, bat er die beiden zu sich auf den Balkon, wo urplötzlich die schönsten philosophischen Gespräche entstanden. Seither dürfen sie regelmäßig kommen, aber die Nasen müssen sie bitte abnehmen, sonst kann er sich nicht konzentrieren.

Natürlich beginnt er auch heute mit einem Prolog, wo kämen wir denn da hin, wenn er unmittelbar mit der Tür ins Haus fallen würde. Aber schon die Einführung in das, was kommen wird, führt bei den beiden Clowns zu Gänsehaut.

Dr. Wilmer ist erst kürzlich dem Tod noch mal von der Schippe gesprungen, als er sich entschied, die schwere Lungenentzündung doch zu überleben. Seither beschäftigt ihn ein bestimmter Gedanke: Wie viele existenzielle Ereignisse in seinem Leben waren zufällig und wie viele nicht und wo war da womöglich eine höhere Fügung dahinter, die sich einfach nicht logisch erklären lässt? Dazu muss man wissen, dass er nicht im eigentlichen Sinn religiös ist, er interessiert sich für alle Religionen und ist noch lange nicht fertig mit der Suche nach dem, was da vielleicht noch sein könnte.

Anfangs dachte er, er könnte die besonderen Begebenheiten seines Lebens an einer Hand abzählen, bis ihm aber immer mehr einfiel, was ihm Ungewöhnliches, ja beinahe Unmögliches widerfahren war, sodass er schließlich über 30 Geschehnisse notieren konnte.

Und plötzlich springen Liesel und Lotti mit ihm beinahe 80 Jahre zurück, befinden sich mitten im Zweiten Weltkrieg in der Wüste, wo Feldmarschall Rommel mit seinem Feldzug die Vorherrschaft in Nordafrika erlangen wollte. Der Doktor war als junger Mann mittendrin, die Chancen standen schlecht, die Versorgungssituation in der Wüste war katastrophal, die Aussichten bedrückend. Es war klar, dass kaum noch eine Chance bestand, gegen die vorstoßenden britischen Truppen anzukommen. Dennoch durften sie nicht kapitulieren, nicht nach Hause. Als Kanonenfutter waren sie allemal noch gut genug.

Aber eines Tages kam ein Brief für den jungen Hermann mit der Aufforderung, sich nach Wünsdorf bei Berlin zur Offiziersausbildung zu begeben. Er hatte nie eine Bewerbung in diese Richtung geschickt, wusste nicht einmal von der Möglichkeit, in seinem Alter schon eine derartige Ausbildung beginnen zu können. In dem Brief stand weiter, er solle sich direkt auf den Heimweg begeben, in der Zeit bis zum Ausbildungsbeginn (in vier Monaten) könne er Urlaub machen. Wie genau er letztendlich aus der Wüste wieder nach Deutschland gelangte, konnte er nicht mehr rekonstruieren, aber als er schließlich daheim ankam, hatte er noch genau zehn Tage frei.

Nach der Offiziersanwärterausbildung wurde er wieder in die Wüste geschickt. Sein ganzes Bataillon war längst ausgelöscht. Er kam schließlich in Gefangenschaft und hatte wieder das Glück, dass er als Offiziersanwärter nicht ins Arbeitslager musste, wo verheerende Zustände herrschten, sondern in ein „Offizierslager" gebracht wurde, was zwar schlimm genug, aber zu überleben war.

Der Doktor hält kurz inne und erzählt dann eine weitere Geschichte, die sich Jahre später, als er schon renommierter Zahnarzt war, zutrug und die er bis heute in sich trägt.

Er war verheiratet und seine Frau konnte wegen einer Gebärmuttertuberkulose keine Kinder bekommen. Eines Tages wurde in dem Krankenhaus, in dem sie arbeitete, ein Baby zur Adoption freigegeben. Sofort rief sie ihren Mann an, er solle kommen, damit sie sich das Kleine zusammen anschauen könnten.

Er reagierte ungehalten: Babys sähen doch alle gleich aus, und er habe viel Arbeit. Was müsse er da jetzt von Heidelberg nach Stuttgart kommen. Sie könne das wirklich auch ohne ihn entscheiden. Seine Frau jedoch drängte ihn, bat ihn inständig, doch zu kommen. Schließlich gab er nach, setzte sich widerwillig ins Auto, um verärgert in die Klinik zu fahren.

Als er den Raum betrat, in dem das Baby lag, durchfuhr ihn urplötzlich ein Blitz. Ein Blitz voller Liebe. Eine Liebe, die bis heute anhält, das ist immer wieder spürbar, wenn der, auch inzwischen im Rentenalter angekommene, Sohn bei den Besuchen dabei ist.

Tief ergriffen verlassen die Clowns den Doktor für heute. Im Gang nehmen sie sich noch ein paar Minuten Zeit, um diese ehrlichen Worte wirken zu lassen, bevor es ins nächste Zimmer geht.

Wie ich Clown wurde

Katrin Jantz
alias Liesel

„Sie/Er bekommt eh nichts mehr mit." Wie oft haben wir Clowns diesen Satz schon gehört?

Nein, es ist nicht böse gemeint, nicht persönlich nehmen, ja, das ist uns bewusst.

Ein Clown fragt nicht, ein Clown handelt, ein Clown begegnet! Er lebt im Augenblick wie die Menschen mit Demenz. Und er versucht, mit ihnen zusammen diesen Augenblick zu genießen. Als ich damals diese Worte in dem Buch von Ulrich Fey „Clowns für Menschen mit Demenz" gelesen habe, konnte ich nicht mal erahnen, wie wertvoll und unumgänglich sie einmal für mich werden würden.

Es war an einem Nachmittag im Frühling im Jahr 2007 und ich saß auf dem Krankenhausflur in der Kinderklinik vor dem Zimmer meines damals zweijährigen Sohnes auf dem Boden. Die Gedanken in meinem Kopf hatten keine Richtung mehr, die Gefühle der Angst, Unsicherheit und Erschöpfung ließen meinen Blick ins Leere laufen.

Ein schlurfendes Geräusch, das immer lauter auf mich zukam, ließ mich aufschauen und da stand er: ein Clown.

Er setzte sich zu mir auf den Boden, nahm ein Papiertaschentuch aus seiner Tasche und faltete mir daraus eine Tulpe.

Ohne Worte, nur mit einem unvergleichlich warmen Blick, gab er mir die Blume, legte seine Hand ganz kurz, aber mit liebevollem Druck auf meine Hand. Er stand auf, und so wie er angeschlurft gekommen war, schlurfte er auch wieder davon.

Mir wurde ganz warm, und meine Augen füllten sich mit Tränen der Erleichterung und Dankbarkeit; ich fühlte auf einmal, alles wird gut.

So war es dann auch, wir bekamen nun endlich eine Diagnose und man konnte meinen Sohn behandeln.

Doch noch etwas war geschehen: Ich konnte die Begegnung mit diesem Clown nicht vergessen. Wie konnte er wissen, was ich brauche, und wie hat er gespürt, welches Maß an Berührung und Nähe wichtig und richtig für mich war?

Karl Valentin sagte einmal: „Mögen hätt' ich schon wollen, aber dürfen hab' ich mich nicht getraut!"

Das war die Geburtsstunde meines Clowns, es sollten noch ein paar Jahre vergehen, aber mein Wunsch, auch als Clown für Menschen in schwierigen Situationen da zu sein, war immer präsent.

Meine Kinder wurden älter und selbstständiger, sodass der Moment kam und ich die Ausbildung zum Gesundheitsclown begann und nach zwei Jahren erfolgreich abschloss.

Zwei Monate später stand ich morgens auf und mein Entschluss stand fest: Ich wollte zu 100 Prozent Clown sein. Ich kündigte meine Festanstellung und gründete den *Förderkreis Gute Clowns Ulm e. V.*

Das Lachen ist in meinem Leben allgegenwärtig und ich möchte es mit vielen Menschen teilen. Aber auch andere Emotionen dürfen sein und mit dem Clown gelebt werden. Humor in der Pflege ist hilfreich und notwendig. Das Lachen ist ein spezifisch menschliches Phänomen mit einer hohen sozialen Bedeutung. Daher haben Humor und Lachen längst in den Institutionen der Gesundheitsversorgung Einzug gehalten. Selbst die Palliativmedizin setzt auf Humor, auch am Lebensende.

Ich denke, es braucht schon eine starke Persönlichkeit, um eine Krankheit oder das Alter mit seinen Herausforderungen zu meistern. Und da tut eine Prise Humor gut. Wir können als Clowns nicht die Schmerzen oder die Angst vor dem Tod nehmen. Aber wenn wir wieder gehen, haben die Menschen Erinnerungen an die Clowns, wie sie miteinander umgegangen sind, gelacht, geweint oder geflucht haben. Oft können wir trotz allem positive Gefühle hinterlassen und immer nimmt der Clown den Menschen ernst und traut ihm jegliche Gefühle auch wirklich zu. In seiner hoffnungsvollen Naivität erinnert er an ureigene Werte wie Empathie, Intuition, Akzeptanz, Toleranz und Liebe.

Ich arbeite nun schon seit mehr als sechs Jahren täglich als Clown, und nicht einen einzigen Tag möchte ich missen. Ich bin immer wieder aufs Neue dankbar, diese Entscheidung getroffen zu haben.

Es ist diese wundervolle Wirkung auf Menschen, die mich meinen Beruf lieben lässt, und ich erlebe jeden Tag kleine und große Wunder. Viele dieser Wunder begleiten die Menschen auf ihrem Weg nun selbst, aber auch für die Angehörigen und das Pflegepersonal sind es Momente von unsagbarem Wert.

Wir Clowns lernen nie aus!

Auch der Umgang mit der intensiven Arbeit im Theoretischen und im Physischen hat sich immer mehr erklärt. Wir arbeiten mit Menschen, die wir genau da abholen, wo sie in diesem Moment stehen. Bei uns geht es um Geben und nicht um Nehmen, wir stellen nicht zur Schau und erwarten keinen Applaus, sondern wir betreten eine Welt, in der uns das Gegenüber vertraut und sich fallen lassen kann.

Nun noch einmal zum Anfangssatz: „Sie/Er bekommt eh nichts mehr mit." Und ob! Das dürfen wir in unserer Arbeit Tag für Tag erleben, und diese Wunder möchten wir, Katrin Jantz alias Liesel und Hanna Münch alias Lotti, in diesem Buch mit Ihnen teilen.

Fast jeder von uns wird über kurz oder lang mit Angehörigen, Freunden oder Bekannten zu tun haben, die alt, vergesslich, dement oder krank werden. Um diesen dann mit mehr Verständnis und vielleicht auch mit einer besonderen Prise Humor zu begegnen, kann die eine oder andere Geschichte vielleicht einen kleinen Anstoß geben.

Wir möchten Sie dazu einladen, mit uns die kleinen und großen Wunder zu erleben, die uns auf eine fast nicht erklärbare Weise begegnen, – demütig und dankbar für jeden einzelnen Augenblick in der Hoffnung, noch viele davon zu erleben.

Ich habe meine Berufung gefunden; alles, was man mit Liebe tut, tut man gut.

„Ich will das auch!“

Hanna Münch alias Lotti

Aufgewachsen in einer Theater- und Autorenfamilie, kam ich früh schon mit allerlei verrückten Menschen und Situationen in Kontakt. Sei es, dass mein Opa, Theaterpatriarch durch und durch, sich am liebsten Publikumsmitspielen und dem Straßentheater widmete und ich als Kind, wann immer es irgend ging, dabei sein wollte. Oder dass meine Eltern als Autoren immer wieder neue, faszinierende Geschichten erfanden, mit denen sie unsere Fantasie anregten und beflügelten.

Ich selbst brachte schnellstmöglich die Schule hinter mich, um im familiären Theaterbetrieb mitzuarbeiten, auf und hinter der Bühne. Da es ein winzig kleines Theaterchen war, musste jeder alles machen: Bühne aufbauen, Garderobe, Beleuchtung und Kasse machen, Theater spielen, Klo putzen und Regie führen.

Irgendwann war es Zeit, sich „freizuspielen“, einen eigenen Weg zu finden, der mich über verschiedene Stationen wie politisches Kabarett und teils skurrile Nebenjobs zum Tanztheater brachte, wo ich Katrin kennenlernte.

Da ich immer auch schon gerne schrieb, durfte ich für Tanztheater-Produktionen auch die Texte verfassen. Eines Tages gab es ein Stück zum Thema Demenz, für das ich in einer Ulmer Demenz-WG recherchierte und einen wundervollen Tag mit den

BewohnerInnen erlebte. Da Katrin mir immer wieder von ihrer Gesundheitsclown-Ausbildung erzählte, die sie gerade machte, schenkte ich der Demenz-WG als Dank für den eindrücklichen Tag einen Clownsbesuch von ihr.

Katrin stimmte sofort zu, allerdings mit einer kleinen Einschränkung: Clowns im Gesundheitsbereich arbeiten immer zu zweit, ich müsse als Assistenzclown mitkommen.

Was hatte ich da Muffensausen! Kam ich doch vom Theater, wo alles geplant und einstudiert ist. Jetzt aber sollte ich plötzlich improvisieren, ganz ohne Textbuch und Choreografie arbeiten.

Dieses Eintauchen in die eigene Unwissenheit, das Unplanbare annehmen, den Verstand ausschalten, das Herz sprechen lassen – all das ließ an diesem Nachmittag mein Herz höherschlagen. Dazu kam, dass Katrin als Liesel und ich als Lotti ein wunderbar ungleiches Paar waren, das sofort zusammen harmonierte.

Als wir nach einer Stunde voll zärtlicher Clownereien und liebevollem Schabernack wieder in unseren Umkleideraum kamen, uns die roten Nasen abzogen und uns erstaunt und glücklich ansahen, kam aus meinem Mund nur ein: „Das will ich auch machen!"

Nach vielen Fort- und Weiterbildungen und zahlreichen Clownseinsätzen in Seniorenheimen, Hospizen, Behindertenheimen, auf der Kinderintensivpflege und auf Wachkoma-Stationen sind Liesel und Lotti heute immer noch unterwegs – und haben ganz bezaubernden Clownszuwachs bekommen, als da wären: Frida, Flo, Resli, Gustl, Polly, Rudi, Flottilie, Josef, Felix, Valentin, Ghilly und Molly.

Relativ bald, nachdem wir als Clownspaar geboren worden waren, wurde uns auch klar, dass wir das zu unserem Beruf machen wollen. Und schnell war auch klar, dass wir die wunderbaren Begebenheiten, die wir bei unseren Einsätzen erleben, aufschreiben möchten, damit wir sie nie, nie wieder vergessen!

Und damit auch Sie staunen und mit eintauchen können in diese Wunderwelt, halten Sie nun dieses Buch in den Händen. Einige Omas und Opas, die darin vorkommen, sind schon gestorben, und wir sind glücklich, dass sie durch dieses Buch dem Vergessen entrissen wurden – und für immer lebendig sein werden.

*„Heute siehst du gut aus …
wie ein feiner älterer Herr.
Aber in jung."
Roswitha, 92 Jahre*

Die 21 Liebhaber

Die Aufzugstür geht auf und Liesel und Flo tapsen in die Aufenthaltsnische im dritten Stock. Zwei betagte Damen sitzen am Tisch und packen gerade ihr „Mensch-ärgere-dich-nicht"-Spiel zusammen.

Sie sehen die Clowns und die Freude zeichnet sich in ihren Gesichtern ab. „Na, wer hat gewonnen?", will Liesel natürlich sofort wissen. Eine der Damen schaut stolz auf die Clowns und verkündet: „Einmal ich und einmal sie. Und das ist gut so!"

„Ja, aber da muss doch ein Entscheidungsspiel her", stammelt Flo, doch die Dame entgegnet lächelnd: „Warum?" Und herausfordernd fügt sie hinzu: „Außerdem seid ihr ja jetzt da."

Auf dem Tisch liegt das Prospekt einer Modefirma, auf dem ein adretter Mittfünfziger abgebildet ist. Eine wunderbare Gelegenheit für ein kreatives Zwischenspiel! Liesel blättert ganz aufgeregt und fragt, ob sie den Damen einen Mann bestellen soll: „Der kostet heute nur 89,90 Euro, ein echtes Schnäppchen!"

Die Damen durchschauen das Ganze natürlich gleich und erklären Liesel, dass dieser Preis nur für das Hemd gilt, welches der nette Herr trägt.

„Oooch menno, wieder nix“, sagt Flo. Eine der Damen wirft ein, sie brauche eh keinen Mann mehr, sie hatte schon einen und der ist seit 40 Jahren tot.

Liesel wird furchtbar neugierig und auch ein bisschen frech und fragt genauer nach: „Nur einen? Und der ist seit 40 Jahren tot? Aber jetzt mal Butter bei die Fische, da kam doch noch was?“

Es folgt ein verschmitztes Grinsen und die Antwort: „Das bleibt mein Geheimnis.“

„Ha, also waren es doch mehr“, platzt es aus Liesel heraus, und die Dame fängt schallend an zu lachen. Aller Neugier ist geweckt, doch so einfach ist es nicht, sie möchte einfach nichts erzählen. Sie kichert in sich hinein und freut sich schon, in der Nacht davon zu träumen.

Liesel aber hat einen Plan: Sie öffnet das „Mensch-ärgere-dich-nicht“-Spiel und sucht den Würfel. Was für ein Glück – es sind gleich vier Würfel dabei.

„Sodele, dann würfeln wir jetzt doch einfach mal, wie viele Liebhaber sie hatte.“

„Oh nein …“, kommt von der Dame noch, aber zu spät – die Würfel rollen schon über den Tisch. Alle schauen zu, wie beim Roulette im Spielcasino. Die Spannung steigt. Und dann gibt es kein Halten mehr. Sie müssen aus tiefstem Herzen lachen, die Dame am lautesten, als sie das Ergebnis sehen. Es waren ganze 21 Liebhaber!

Durch das Gelächter wird eine weitere Dame aus ihrem Zimmer gelockt, die wissen möchte, was denn eigentlich los sei. Sie setzt sich an den Tisch, und die bereits anwesenden Damen erzählen ihr amüsiert, was sich bisher zugetragen hat.

Sie hört sich interessiert die ganze Geschichte an und verkündet dann stolz: „Also ich hatte zwei Männer.“

Aber wie soll es auch anders sein, Liesel fragt nach: „Und welcher war besser, der erste oder der zweite?“

Als die Antwort kommt, hören das Gepruste und das Lachen gar nicht mehr auf: „Der in der Mitte!“

Auch Wochen später reicht nur ein Blick von den Clowns aus dem Aufzug und schon wird wieder schallend gelacht.

Liebe

Ein paar Gedanken über den Clown, die älteren Damen und Herren und die Liebe.

Fast täglich kommen wir bei unseren Einsätzen bei den SeniorInnen irgendwie auf die Liebe zu sprechen. Manches Mal holen wir uns Rat oder fragen direkt nach den Erfahrungen, die sie mit den Schmetterlingen im Bauch gemacht haben. Die Antworten fallen natürlich sehr unterschiedlich aus. Einige können (und wollen) sich gar nicht mehr recht daran erinnern. Viele haben ihren Ehepartner schon längst verloren und dann abgeschlossen mit dem ganzen Thema.

Andere wiederum grinsen verschmitzt und geben zu, dass bis heute Horden von Schmetterlingen ihr Unwesen in ihrem Bauch treiben. In diesen Fällen sind Liesel, Lotti und ihre KollegInnen gut vorbereitet und haben meist alles für eine Blitzhochzeit parat: Brautschleier (manchmal tut's auch eine Tischdecke), Hut, Hochzeitsmusik. Nur der rechte Text, den sie als selbst ernannte Standesbeamte wissen sollten, entfällt ihnen bisweilen, was häufig zu großer Heiterkeit in den Cafeterien führt.

Oft verlieben sich aber auch die Clowns Hals über Kopf in einen Opa oder eine Oma. So wird bei Clownsbesuchen also geheiratet, was das Zeug hält, natürlich ohne große Verpflichtungen.

Manches Mal, im Einzelkontakt, erfahren wir Wunderbares über die Liebe, wie beispielsweise einmal bei einer sehr betagten Dame, die erzählte, dass sie katholisch sei, ihr inzwischen verstorbener Mann aber evangelisch war. Auf die Frage, in welche Kirche sie denn dann immer gingen, lautete die Antwort: „In den Wald."

Natürlich bringt die Frage nach der Liebe teilweise auch großen Schmerz mit sich. Hier müssen wir gut erspüren, was gerade angebracht ist und guttut oder wo tiefe Wunden aufgerissen werden.

Sehr berührend ist auch, wenn der Ehemann oder die Ehefrau sich sehr liebevoll um den Pflegebedürftigen kümmert, wie beispielsweise Viktorias Mann, der sie tagtäglich auf der Demenzstation besuchte. Er brachte ihr oft Dinge von zu Hause mit, wollte die gemeinsamen Erinnerungen aufleben lassen.

Einmal setzten sich Liesel und Lotti zu den beiden ins Zimmer und spürten so die große Liebe, die zwischen dem Ehepaar herrschte, obwohl Viktoria längst nicht mehr sprach. Das Herz wird nie dement. Die Vertrautheit, die Liebe war fast greifbar und wir waren tief berührt.

Dass SeniorInnen oft alles andere als prüde sind und uns manchmal mit hochrotem Gesicht entlassen, zeigt die Geschichte „Unsere adoptierte Oma".

Eines aber lässt uns jeden Tag, wenn wir aus dem Heim kommen, vor Glück erstrahlen: diese große Liebe, die die allermeisten Menschen dort in den Heimen uns entgegenbringen.

Clown: „Frau Schmitt, ich liebe Sie!"
Frau Schmitt: „Das ist logisch –
ich tu Ihnen ja auch nix."

Unendliche Liebe

Der Nachmittag mit Kaffee und Kuchen ist üblich im Seniorenheim. Viele BewohnerInnen orientieren ihren ganzen Tagesablauf an den Mahlzeiten, so ist das nun mal. Aber heute ist etwas anders: Töne einer Ukulele und singende Stimmen ertönen im Raum.

Manche schauen eher vorsichtig, andere summen und wieder andere lächeln: Die Clowns singen, tanzen und machen viel Quatsch. Aus dem Augenwinkel nimmt Liesel einen sehr an Demenz erkrankten alten Mann wahr, wie er versucht, mit seinem Kaffeelöffel den Takt des Liedes an seiner Kaffeetasse zu begleiten.

Schnell holt sie zwei Schlagzeugstöcke aus ihrem Clownskoffer und legt sie vorsichtig vor ihn auf den Tisch. Dann findet Liesel hinter sich auf einer Ablage noch einen großen leeren Joghurtbecher, den sie ihm verkehrt herum dazustellt.

Ohne zu schauen, wo die Sachen herkommen, nimmt er die Stöcke in die Hand, zieht den Eimer näher zu sich heran und fängt an zu spielen.

Die Clowns staunen. Es ist ein gekonntes Schlagzeugsolo.

Was dann geschieht, ist gleich Wunder Nummer zwei: Die betagte Dame neben ihm kommt aus ihrer versunkenen Haltung hoch und hat ein unbeschreibliches Strahlen in den Augen. Sehr leise, aber nicht ohne Stolz in der Stimme sagt sie: „Da ist er wieder."

Sie lächeln sich beide so glücklich und verliebt an, dass es in Worten kaum auszudrücken ist. Emotionen pur.

Die Pflegerin erzählt den Clowns später, dass der Mann früher in einer Band gespielt und die Frau (seine Frau!) schon sehr lange nicht mehr gesprochen oder gelächelt habe.

Unendliche Liebe, unvergessene Liebe auch in der Demenz.

„Männer müssen erst gefüttert werden und die Liebe muss man gießen, das darf man nicht vergessen!“
Ljudmilla, 89 Jahre

Das Traumpaar

Renate und Olaf, Olaf und Renate – ein Traumpaar, das schon lange zusammengehört. Renate ist eine recht junge, aber schwerkranke Bewohnerin des Pflegeheimes. Und wer ist dieser Olaf? Also Olaf ist ein „Handpuppen-Schafsherr“ (Hammel darf man zu ihm nicht sagen, da ist er empfindlich), der die Clowns immer wieder bei ihren Besuchen begleitet.

Renate und Olaf sind sich über die Jahre immer nähergekommen, es ist inzwischen undenkbar, dass er nicht dabei ist, wenn Liesel und Lotti zu Renate gehen.

So steckt er auch heute zuerst seine Nase durch die Tür. Aber leider gibt es da plötzlich ein Problem: Renate hat dummerweise eine Allergie gegen Olaf entwickelt – eine Schafshaarallergie. Deswegen darf er heute nicht zu ihr ins Bett. Was für ein Jammer!

Die Clowns und auch Olaf sind ziemlich ratlos. Da Renate sowieso eigentlich Frösche am liebsten hat, kommt die Idee auf, er könne sich vielleicht in einen Frosch verwandeln.

Olaf fordert Renate entschlossen auf, ihn an die Wand zu werfen: „Vielleicht werd' ich dann zum Frosch!" Aber das bringt sie keinesfalls übers Herz.

Er möchte aber so unbedingt mit ihr kuscheln, dass er es dann eben mit einer sogenannten Konfrontationstherapie probieren will. Schließlich willigt Renate ein, dass er ein kleines Stückchen näherkommen darf. Aber das ist Olaf nicht genug, es kommt zu folgendem Dialog:

Olaf: „Ich will dich küssen!"

Renate: „Das geht nicht."

Olaf: „Warum denn um Himmels willen nicht?"

Renate: „Ich habe Karies!"

Olaf: „Ich liebe Karies! Ich liebe alles, was du hast!"

Daraufhin darf Olaf mit Renate schmusen und sie küssen, und die beiden können sich kaum mehr trennen. Die Schafshaarallergie hat sich ob dieser kuscheligen Spezial-Therapie wohl in Luft aufgelöst.

„Und falls wir uns nicht mehr sehen:
Ich liebe euch.“
Hannelore, 87 Jahre

Eine ganz besondere Eheschließung

Die Corona-Pandemie war auch für die Clowns anfangs ein Schock. Sie durften von einem Tag auf den anderen nicht mehr zu ihren geliebten Senioren, nicht mehr zu den wundervollen Menschen mit Behinderung, nicht mehr zu den tapferen kranken Kindern.

Der großen Sehnsucht geschuldet, kam die Idee auf, wenigstens von außen ein wenig Abwechslung, Musik und Quatsch in die Heime zu bringen.

Gesagt, getan: Mit Straßenkreide, Luftballons, Koffergrammofon und Instrumenten bewaffnet, schlagen Liesel und Lotti an einem Donnerstagnachmittag im Innenhof in Heidenheim auf. Es wissen nur wenige Leute Bescheid, deswegen ist auch erst mal echt wenig los. Nach und nach erscheinen, von der Musik angelockt, doch ein paar wohlbekannte Gesichter auf den Balkonen. Großes Hallo und große Wiedersehensfreude. Es wird gedichtet, gesungen, gewunken und Herzchen werden auf die angehauchte Scheibe im Erdgeschoss gemalt.

Da das Hospiz seine Terrasse auch zum Innenhof hat, werden auch ein paar den Clowns bislang unbekannte Gesichter angelockt. Darunter ein junger Mann im Rollstuhl, der schon sehr von seiner Krankheit gezeichnet ist. Neben ihm eine junge Frau, die sich rührend um ihn kümmert und ihm ab und zu zärtlich einen Kuss auf den Mund gibt.

Die Clowns schäkern ein wenig mit dem Liebespaar und versprechen, nächste Woche alles für eine schöne kleine Hochzeitszeremonie mitzubringen.

Beseelt verabschieden sich Liesel und Lotti und fahren nach Hause.

Die ganze Woche geht das Paar ihnen nicht mehr aus dem Kopf. Wird der junge Mann so lange durchhalten? Hätten sie die Hochzeit lieber gleich feiern sollen, eben ohne besondere Requisiten? Da ist er wieder, der Gedanke, dass man so wichtige Dinge einfach nie verschieben darf. Wieder was fürs Leben gelernt.

Endlich ist wieder Donnerstag und endlich sind sie auf dem Weg nach Heidenheim. Diesmal im Gepäck: Brautschleier, Rosenblätter, Schlüsselringe, die zu Eheringen umfunktioniert werden, und natürlich viel Deko. Außerdem haben sie Pinsel an langen Stielen und rote Farbe mitgebracht. Damit werden, als sie angekommen sind, erst mal außen an die Fenster der Demenzstation riesige rote Herzen gemalt. Plötzlich gehen die Fenster auf, und viele Gesichter, die lange vermisst wurden, schauen strahlend heraus. Manche BewohnerInnen winken sogar mit den Postkarten, die die Clowns ihnen kurz zuvor geschickt haben, singen und werfen Luftküsse.

Es fällt Liesel und Lotti wahrlich schwer, sich irgendwann von hier wieder zu verabschieden, aber sie müssen weiter in Richtung Innenhof, denn sie haben heute noch etwas ganz Besonderes vor.

Die Erleichterung steht ihnen ins Gesicht geschrieben, als sie um die Ecke biegen und den jungen Mann sehen. Er sieht sehr schwach aus, fast schon aschfahl, aber seine schönen braunen Augen glänzen. Er ist samt Bett auf der Terrasse – was für ein Glück!

Auch seine Freundin steht neben ihm. Sie kommt kurz in den Hof, um die Clowns zu begrüßen und ihnen zu sagen, dass sie wirklich nicht weiß, ob so eine Hochzeit jetzt nicht zu viel für ihren Martin ist. Natürlich ist auch sie in einem Ausnahmezustand und möchte ihrem sterbenden Liebsten jeglichen Stress ersparen. Die Clowns versichern, dass es eine kurze, schöne kleine Feier werden wird, die jederzeit abgebrochen werden kann. Damit ist sie einverstanden: Die Braut nimmt gerührt den ihr überreichten Schleier mit nach oben auf die Terrasse, um sich schon mal zu schmücken. Mit der weißen Schutzschürze, die sie wegen Corona tragen muss, und dem Schleier sieht sie jetzt wirklich wie eine bezaubernde Braut aus.

Die Clowns dekorieren noch ein wenig und klettern dann auf eine mitgebrachte Leiter, um die Feier zu beginnen. Doch was war das gleich noch mal für eine Feier? Ah, Geburtstag ... oder nein, sie wollten doch die beiden dort verkuppeln! Blödsinn, die sind doch längst ein Paar, das sieht man doch. Inzwischen kommt leises Gelächter von Martin.

Endlich wissen die rotbenasten Standesbeamten wieder, was ihre eigentliche Aufgabe hier ist. Eine Vermählung soll es sein. Die Reden werden stark gekürzt, und so wird einfach erst die Braut und dann der Bräutigam gefragt, ob sie sich gegenseitig lieben und küssen wollen, bis dass der Tod sie scheidet. Beide antworten klar und deutlich mit „Ja“ und ein Rosenblätterregen fällt auf das frischvermählte Paar nieder. Sie küssen sich. Zauberhaft sieht das aus, wie Martin da im Bett liegt mitten in den Rosenblättern und mit seiner schönen tapferen Braut an der Seite. Die Intensität dieses Augenblicks lässt sich schwer in Worte fassen. Oben im ersten Stock, wo ein paar Leute die Zeremonie verfolgen, kullern auch schon Tränen. Jetzt noch die Ringe, sie werden wegen ihrer Größe einfach an die Daumen gesteckt.

Die Clowns lassen die Liebenden jetzt erst mal alleine, zur Geburtstagsverkupplungs ... äh, nein zur Hochzeitstagnacht sozusagen.

Erst zwei Jahre später – als die Clowns ganz offiziell und regelmäßig ins Hospiz dürfen – erfahren sie, dass dieses bezaubernde Paar es tatsächlich noch geschafft hat, standesamtlich zu heiraten, ein paar Tage bevor der junge Mann verstarb.

Dame: „Meine Oma hatte 16 Kinder."
Clown: „Oh ha, dann hatten sich Oma und Opa aber sehr lieb."
Dame: „Ja, gewiss, mit dem unteren Teil meiner Oma hatte mein Opa nie Händel."

Hildchen und Josef

Liesel und Lotti sind dieses Mal mit Begleitung im Seniorenheim. Aber nicht irgendeine Begleitung, es ist Josef, ein echter Clowns-Mann. Darauf hat die betagte Damenwelt schon lange gewartet. Überdies war das auch immer wieder versprochen worden.

Von Josef sind einfach alle hingerissen, er findet so schnell und so sanftmütig Zugang zu den Menschen, dass Liesel und Lotti beinahe die Spucke wegbleibt.

Kurzfristig überlegen sie, ob sie den Armen zerteilen müssten, damit sie überall etwas von ihm dalassen können – das wird ihnen aber glücklicherweise von einigen Bewohnerinnen ausgeredet, da sie ihn beim nächsten Mal lieber am Stück und in voller Pracht wiedersehen wollen.

Josef tanzt sich durch die Arme der Bewohnerinnen, bis die Clowns irgendwann im Zimmer von Hildchen landen. Sie verliebt sich vom ersten Augenblick an regelrecht in Josef. Liesel und Lotti merken es daran, dass sie, ihre einstigen Lieblinge, an diesem Tag so ziemlich abgeschrieben sind. Als „Standesbeamtin und

Brautvisagistin“ dürfen sie dann doch noch fungieren und die fulminanten Hochzeitsfeierlichkeiten durchführen. Anschließend heißt es aber: „Ihr beide könnt jetzt gehen, dann kann ich mit Josef endlich machen, was ich will.“

Auch ihr Bett möchte sie großzügig mit ihm teilen. Nur eines will sie partout nicht: dass Liesel und Lotti ihn wieder mitnehmen!

Es gelingt ihnen nur mit Mühe und mit allerlei Versprechungen auf ein baldiges Wiedersehen mit Josef, selbigen wieder aus dem Zimmer zu bekommen.

Auch bei ihren darauffolgenden Besuchen, als sie wieder zu zweit sind, gibt es nur ein Thema: „Wie geht es meinem angetrauten Josef und wann kommt er wieder?“ Um ehrlich zu sein: Liesel und Lotti können Hildchen da sehr sehr gut verstehen.

„Spazieren gehen ist besser als heiraten."
Josefine, 95 Jahre

Die adoptierte Oma

Sieglinde, von den Clowns liebevoll Siechlinde genannt, ist 93 Jahre alt und ihre adoptierte Oma (das kommt öfter vor, dass Clowns Omas und Opas vom Fleck weg adoptieren), und sie dürfen sie auch so nennen.

An der Wand in ihrem Zimmer hängt eine „notariell" von der Heimleitung beglaubigte, selbst gefertigte Original-Adoptionsurkunde, natürlich mit Foto von Liesel und Lotti und einem echten Stempel. Siechlinde platzt fast vor Stolz.

Wie kam es nun zu dieser Adoption?

Bei einem „vermummten" Besuch in Zeiten von Corona merkten die Clowns, wie Siechlinde vor Einsamkeit fast verwelkte – wie ein vertrocknendes Blümchen. Da hatte die Idee ihren Ursprung.

Ein paar Wochen später durften Liesel und Lotti sie gar nicht besuchen, da in Siechlindes Wohnbereich Quarantäne verhängt war. Damit sie keine Angst haben musste, dass sie vergessen würde, gestalteten die Clowns die Adoptionsurkunde und baten die Leitung des Heimes, sie ihr zu bringen und gleichzeitig ihr Einverständnis zur Adoption einzuholen.

Die Chefin des Hauses höchstpersönlich zog sich Schutzkleidung an, holte Siechlinde in den Flur, wo die Rotnasen, ebenfalls in Schutzkleidung, auf sie warteten. Mit Abstand und musikalischer Untermalung gab es dann eine feierliche Adoptionsanfrage, welche Siechlinde herzlich bejahte.

Die Chefin des Hauses unterschrieb als Zeugin die Urkunde und so war dann auch alles amtlich: Die Clowns hatten eine Oma mehr, Siechlinde zwei neue Clowns-Enkel.

Die Freude war überwältigend, und der erste Besuch nach der Quarantäne war dann auch ein Fest.

Stolz präsentierte Siechlinde den Clowns die an der Wand hängende Urkunde und erzählte, dass sie immer, wenn sie traurig und einsam war, nur einen Blick darauf werfen musste und schon ging es ihr besser. Liesel und Lotti waren sehr berührt und vor allem glücklich darüber, dass ihre Idee aufgegangen war.

Aber das war noch nicht alles an diesem Besuchstag. Da Siechlinde ziemlich heiser war, fragte Liesel: „Hör mal, Siechlinde, was ist denn mit deiner Stimme los?"

„Ja gell, das klingt furchtbar."

„Nein, nein", lenkte Lotti ein, „das klingt sogar sehr ‚eroddisch'. Du könntest Telefonsex anbieten."

Siechlinde schmunzelte und schaute sie mit ihrem typisch funkelnden Blick an. Mit angerauter Stimme sagte sie: „Hallo, du junger, toller Pfleger, jetzt schau dir mal meine hübschen hautfarbenen Thrombosestrümpfe an. Für dich zieh ich die sogar aus!"

Die Clowns wurden fast so rot wie ihre Nasen, schauten einander an und mussten aus tiefstem Herzen lachen.

Wow – was hatten sie für eine tolle Oma!

„Die Hosen hat der Mann an …
aber die Frau entscheidet, welche.“
Anna, 95 Jahre

Das Fußbad und der Bräutigam

Heute hat Liesel für die zauberhafte schlesische Oma einen Bräutigam dabei. Valentin, der Clown, ist schon ganz aufgeregt. Ganz vorsichtig klopfen sie an die Tür und fragen, ob sie reinkommen dürfen.

Ein fröhliches Hallo ertönt und die beiden Clowns betreten das Zimmer von Frau Reiter (94). Sie sitzt in ihrem Sessel und unten auf dem Boden vor ihr steht eine Schüssel mit Wasser, in der sie ihre Füße badet. Stolz verkündet sie: „Ha, ich habe eine Riesenpfütze gepatscht, das macht Spaß.“

Liesel möchte sofort ihre Schuhe ausziehen und mit in die Schüssel steigen, aber Frau Reiter sagt nur: „Nein, nein, nein, die Schüssel ist viel zu klein für uns beide.“

Und da räuspert sich auch schon Valentin: „Entschuldigung, eigentlich wollten wir doch etwas ganz anderes tun.“

„Ach ja, stimmt“, fällt es Liesel wie Schuppen von den Augen. Sie zupft ganz aufgeregt an Valentin herum, richtet ihn gerade, wuschelt durch seine Haare und streift seine Bügelfalten an der

Hose sorgfältig von oben nach unten glatt, entstaubt seinen Hut und zieht seine Mundwinkel nach oben. Wie eine Trophäe präsentiert sie Frau Reiter ihre Überraschung: „Hier ist er, ihr Bräutigam!“

Ohne sich bei ihrem Fußbad stören zu lassen, willigt diese ein: „Na, dann komm mal her, bleib jetzt hier stehen und mach mir den Antrag.“

Valentin, ganz brav, stellt sich einen Schritt vor, geht auf die Knie, nimmt ganz liebevoll ihre Hand und flüstert leise: „Sie hier anwesende wunderschöne, einzige für mich aufgehobene Braut, wollen Sie mich, Valentin Von und Zu, hier und jetzt, für immer und ewig zu Ihrem Ehemann nehmen?“

Da klingelt das Telefon. Frau Reiter geht ran, begrüßt ihren Anrufer, sagt dann freundlich, aber bestimmt: „Ich kann gerade nicht, ich heirate“, und legt auf.

Ihr Blick richtet sich auf Liesel und dann auf ihre Füße. Damit will sie ihr wohl mitteilen, dass ihr das Wasser langsam zu kalt wird und das nächste Mal geheiratet wird.

„Okay“, sagt Liesel, richtet den Bräutigam noch mal sorgfältig und stellt ihn zwei Meter zurück links ins Eck, sodass er fürs nächste Mal parat ist.

Sie verabschiedet sich mit Luftkuss und möchte das Zimmer verlassen. Aber Frau Reiter ruft ihr hinterher: „Entschuldigung, bleibt der jetzt da stehen? Dann muss ich den ja die ganze Zeit angucken.“

Liesel sagt wie selbstverständlich: „Ja klar, wir heiraten dann das nächste Mal und so lange kann er hier stehen bleiben, Sie müssen ihn nur ab und zu abstauben.“

Frau Reiter lacht und erwidert: „Nein, nimm ihn bitte mit und bring ihn zur nächsten Braut. Ich bade meine Füße."

Sichtlich erleichtert, planscht sie glücklich weiter, winkt den beiden nach und lacht so laut, dass man sie noch auf dem Gang hören kann.

Und Valentin, na ja, etwas bedröppelt nach seinem Korb, bekommt von Liesel einen Kuss und auf geht's zum nächsten Versuch.

Demenz oder „Was alles noch geht“

Die Diagnose Demenz ist oft mit großem Schrecken verbunden, sogar mit Verzweiflung, denn die Angst davor ist groß. Natürlich begreifen wir diese Ängste, gerade für Angehörige ist es schwer zuzusehen, wie der einst vertraute Mensch sich vollkommen verändert. Aber auch die betroffenen Menschen selbst leiden sehr darunter, solange sie sich in dem Stadium befinden, wo sie ihren geistigen „Abbau“ noch mitbekommen.

Das Erste, was wir als Clowns begreifen mussten, war, dass der Mensch, auch wenn er noch so dement ist, nicht in allem eingeschränkt ist, vor allem ist er immer noch ein fühlender Mensch – das Herz wird niemals dement.

Das Zweite, was wir irgendwann verstanden, war, dass wir Versuche vermeiden sollten, den an Demenz erkrankten Menschen wieder in unsere vom Denken gesteuerte Welt zu holen. Das fällt dem Clown nicht allzu schwer, da er ja auch möglichst wenig denkt – sondern viel mehr fühlt und aus dem Bauch heraus agiert. Er ist meist noch deutlich ungeschickter als sein Gegenüber, was diesem das Gefühl gibt, dass er doch noch einiges weiß – zumindest mehr als der Clown.

Manchmal gelingt es uns sogar, völlig in die Welt des Erkrankten mit einzutauchen und dort die wundersamsten, verrücktesten, aber auch die skurrilsten und witzigsten Dinge zu erleben. Das erleben wir als großes Geschenk, da diese Situationen von

Offenherzigkeit und Ehrlichkeit geprägt sind und unsere ganze „normale" Denkweise auf den Kopf stellen.

Wir durften auch schon miterleben, dass eine Mama, die ihr Leben lang sehr autoritär und hart mit ihren Kindern war, sich in der Demenz veränderte und endlich ihre warmherzigen Gefühle zeigen konnte. Sie nahm ihre Tochter plötzlich liebevoll in den Arm, was sie ihr Leben lang nie übers Herz gebracht hatte.

Natürlich herrscht oft auch große Verunsicherung aufseiten der Erkrankten. Man muss sich vorstellen, dass sie oft in ihre Vergangenheit eintauchen und sich in der Gegenwart überhaupt nicht mehr auskennen. So kann man etwa erleben, dass eine Dame in gehobenem Alter auf der geschlossenen Demenzstation verzweifelt war, da sie ihren Eltern nicht Bescheid geben konnte, wann sie heimkommt. Dass diese längst gestorben waren, hatte sie vergessen.

Manche suchen auch ihre Kinder, weil sie denken, sie seien noch klein und brauchten Zuwendung. Das sind schwierige Situationen, auch für uns Clowns. Es hilft nicht, zu erklären, dass die Eltern doch schon gestorben seien oder die Kinder längst erwachsen – das glaubt der Erkrankte in dieser Situation nicht. Was eher hilft, ist Ablenkung und in diesem Fall die Sicherheit zu vermitteln, dass die Eltern oder Kinder gut versorgt sind.

Dabei kommt häufig auch Musik ins Spiel. Musik bewirkt oft Wunder, sie vermag schlechte Stimmungen zu drehen, Vergessenes wieder hervorzuholen und Lebensfreude zu aktivieren. Wir Clowns haben inzwischen ein großes Repertoire, das von den klassischen Volksliedern wie „Kein schöner Land in dieser Zeit" über Schlager à la „Weiße Rosen aus Athen" bis hin zu den Beatles, Elvis, aber auch Peter Maffay und Udo Lindenberg reicht. Man darf nicht vergessen, dass die Menschen, die im Heim sind, unterschiedliche Arten von Musik mögen und eben nicht immer nur „Am Brunnen vor dem Tore“ hören oder singen wollen.

Da wir immer wieder auch Menschen mit ausländischen Wurzeln besuchen, haben wir zudem italienische, französische, russische und türkische Lieder im Repertoire, was oft große Freude und das ein oder andere Tränchen auslöst.

Bei Demenzpatienten vermeiden wir es, zu viele Fragen zu stellen. Wenn man jemanden fragt, wie er heißt, dieser aber seinen Namen vergessen hat, ist es für ihn wie ein Schlag ins Gesicht, wenn ihm das bewusst wird. Da müssen wir Clowns sehr feinfühlig agieren, manches Mal auch ganz ohne Sprache auskommen.

An eine Situation erinnern wir uns immer wieder gerne. Eine Dame auf der Demenzstation hat immer in ihrer Fantasiesprache geschimpft, man hat es am Tonfall so richtig wahrnehmen können, wie sie sich gerade über irgendetwas beschwert. In diesem Fall sind wir auf ihre Töne mit eingestiegen und haben erst ebenfalls mit ihr geschimpft, dann aber nach und nach den Tonfall zum Positiven geändert und irgendwann dann freudige Töne ausgestoßen. Die Dame hat sich einfach mitnehmen lassen, und als wir gegangen sind, hat sie fröhlich vor sich hingeplappert.

Einmal spielten wir in einer Demenzstation und wieder überraschten uns die BewohnerInnen, indem sie uns trotz neuer Kostüme direkt erkannten. Wir hatten die Welt der demenziellen BewohnerInnen schon lange betreten dürfen und sie gaben uns die Erlaubnis, ein Teil davon zu sein.

Jeder Besuch hat eine Magie, es geschehen kleine und auch große Wunder, die uns wiederum helfen, unsere Arbeit noch intensiver zu verstehen und daraus zu lernen.

Zu Beginn bringen wir immer eine kleine Geschichte mit, passend zu den Jahreszeiten oder Feiertagen. Manchmal gehen wir auch fischen, fliegen oder pflanzen Blumen im Garten. Es wird gesungen, Gedichte und Reime werden aufgesagt, und die BewohnerInnen helfen uns sehr, wenn wir mal wieder den Text vergessen.

Was sehr berührend ist - und häufiger vorkommt, als man denkt - sind philosophische Sätze, die oft plötzlich ganz unerwartet und erstaunlich klar formuliert von den BewohnerInnen kommen.

Die folgende Geschichte handelt davon. Die beiden Damen, um die es hier geht, haben wir Homerina und Sokratesa genannt. Auf uns wirkten sie wie zwei Philosophinnen - auf emotionaler Ebene.

Auf der Demenzstation:
„Wieso sperren die mich hier ein,
ich bin doch katholisch!“
Anneliese, 93 Jahre

Homerina und Sokratesa

Demenzstation. Sitzen und schauen oder schauen und sitzen, aufstehen und laufen oder laufen und stehen bleiben, um doch wieder zu sitzen und zu schauen. Sie machen es gemeinsam, sind unzertrennlich, kein Wort wird gesprochen, aber ihre Augen suchen, sind wie Spiegel in die Seele.

Einst waren sie zu viert am Tisch, zwei Damen sind leider verstorben. Es sieht aus, als wenn sie sich unsichtbar aneinander festhielten. Sie spiegeln fast schon ihre Bewegungen, verschmelzen ineinander. Geteiltes Leid ist halbes Leid, oder ist diese Verbindung etwas ganz anderes?

Wenn wir singen und spielen, schauen sie dankbar und mit vielen Gefühlen in den Augen zu. Umso näher wir am Tisch sind, umso intensiver nehmen sie uns wahr, halten unsere Hände und schenken uns unsagbar viel Dankbarkeit. Homerina versucht, gehörte Melodien und Worte zu formen. Wir verstehen sie gut, obwohl es ganz still bleibt. Sokratesas Augen sind wie ein See, der über die Ufer fließen möchte, und der Glanz der Wasseroberfläche zeichnet den ganzen Himmel. Sie will ja so gerne, aber es geht nicht; ein unglaublich zartes, zerbrechliches Lächeln vollendet ihren nicht gesagten Satz.

Wir spielen zwei Tische weiter, und sie sind wieder in ihrer Welt versunken, als ob drei Meter Abstand eine dicke, aber unsichtbare Mauer bauen könnten. Aus dem Augenwinkel nehme ich beide wie ein Gemälde in einem Museum wahr, wie die Mona Lisa, die einen immer anschaut, gleichgültig, wo man im Raum steht. Ich sehe aus der Ferne, wie beide sich zueinander drehen, und höre, wie Sokratesa ihre Seelenverwandte mit eindrücklichem Gesicht fragt: „Wenn du mich siehst, bin ich dann noch da?"

Mein Herz will mir geradewegs aus der Brust springen, mein innerer Clown prustet und ich vergesse fast die Dame am Tisch neben mir.

Dieser Moment war so unbeschreiblich schön und philosophisch, dass ich nur hoffte, diesen Satz nie wieder zu vergessen: „Wenn du mich siehst, bin ich dann noch da?"

> *„Wie schön, dass ich glücklich sein, dass ich dieses Gefühl haben darf."*
>
> *Herr Bohnert, 91 Jahre*

Ah wa*

Eine bezaubernde Dame in einem 70er-Jahre-Blumenoberteil, das an die berühmten Prilblumen erinnert, ein Kreuzworträtselheft und die erstaunte Begrüßung: „Ah wa", als die beiden Clowns das Zimmer betreten. Ein zweiter Blick und wieder ein schwäbisches: „Ah wa". Also eine ganz „normale" Begegnung zwischen einer Bewohnerin und zwei Clowns.

Folgender Dialog entspinnt sich:

Clowns: „Ja, wir sind es, einen schönen guten Tag, sind Sie fleißig am Rätseln?"

Die Dame etwas gezogen: „Aahh waa …"

Clowns: „Sie sind bestimmt gut im Rätseln?"

Die Dame beteuernd: „Ah wa!"

Clowns: „Äh, da fehlen ja überall die Buchstaben."

Die Dame, etwas ungläubig: „Ah wa?"

Clowns: „Das Buch scheint kaputt, das müssen wir reklamieren!"

Die Dame, eher ablehnend: „Ah wa!!"

Clowns: „Wir haben auch ein Buch dabei."

Die Dame, neugierig: „Ah wa?"

Clowns: „Ja, den Gotthilf Fischer."

Die Dame mit einem tiefen Seufzer: „Aaaaaaaahhhh waaaa?!"

Clowns, singend: „Alle Brünnlein fließen ..."

Die Dame, überhaupt nicht begeistert: „Ah wa!!"

Die Clowns versuchen es mit einem Frühlinglied.

Die Dame, immer noch nicht begeistert, aber weniger ablehnend: „Ah wa!?"

Clowns, leise in ihr Ohr flüsternd: „Und was ist Ihr Lieblingslied?"

Die Dame, ohne zu zögern: „Ah wa!"

Clowns: „Ah, ja klar, das kennen wir!"

Die Dame ungläubig: „Ah wa???"

Lotti schwingt ihre Ukulele von hinten nach vorn, Liesel krempelt sich die Ärmel hoch und sie lassen ein verrücktes „Ah wa"-Lied erklingen: „Ah wa, Ah wa, aaaahhh waaaa, a-a-a-a-h-h-wah, aaaaahhhhh waaaaa, aaaaaahhhhh waaaaaaa!?!"

Die bezaubernde Dame staunt nicht schlecht, schaut Liesel und Lotti gar verwundert an und sagt bewundernd: „Ah wa!!!"

Begeistert davon, wie gut die Verständigung zwischen den Dreien ist, verabschieden die Clowns sich mit einer tiefen Verbeugung.

Die Dame schaut ihnen spitzbübisch lächelnd hinterher und ruft: „Aber gell, ihr kommat scho amol wiedr?"

(* schwäbisch für „Ach was!")

„Das ist seltsam gut.“
Gerda, 78 Jahre,
als sie den Clowns zusieht

Das schwäbische Aschenputtel

Wunderbar, heute ist Tanztee, die Clowns haben einen Koffer voller Kostüme für die BewohnerInnen mitgebracht, sodass sie sich – wie es sich gehört! – erst einmal schick machen können. Was für eine Schau! Die Ladys mit tollen Hüten und die Herren mit edlen Krawatten. Auch schöne Tanzschuhe sind dabei, die passende Gelegenheit, den Märchenprinzen seine Prinzessin suchen zu lassen.

Die Prinzessin lässt sich gern von Lotti den Schuh über den Fuß ziehen, doch dann erhebt sie sich und sagt mit überzeugter Stimme in breitem Schwäbisch: „Der goht da net nei!“

Auch bei den folgenden Versuchen, eine Prinzessin zu finden, ertönt wieder und wieder: „Der goht da net nei!“

Trotz dieser Abfuhr tanzen und singen die Clowns mit den BewohnerInnen, umarmen einander und halten innig die Hände derjenigen, die nicht mehr aufstehen können.

Es herrscht eine lebendige, lustige Atmosphäre, und in so manchen Augen sieht man eine wiederkehrende Erinnerung an so manche schöne Zeit – an ein Dorffest oder an eine elegante Gala – und unser Aschenputtel mittendrin: „Der goht da net nei!"

Auch wenn, wie bei Aschenputtel, die Mitternacht schon vorbei ist, die Kutsche sich zurückverwandelt hat, das Festkleid der Alltagskleidung gewichen ist, die Zeit verschwimmt und daher keine Rolle mehr spielen kann, sind wir im Hier und Jetzt auf einer großartigen Feier und haben nicht nur eine Prinzessin gefunden.

Clown zu Hildchen,
die mit 103 Jahren im Sterben liegt:
„Du bist ja immer noch da!"
Hildchen: „Ja, das Wartezimmer
war voll!"

Die malende Sokratesa

Allein ist sie, seit Homerina nicht mehr da ist. Diese war hier auf der Demenzstation ihr Zwilling, ihr Spiegelbild und gleichzeitig ihre wärmende Seele.

Immer waren unsere Philosophinnen im Doppelpack anzutreffen, Hand in Hand. Worte waren längst keine mehr da, aber liebevolle Berührung und eine riesige Freude in den Augen, wenn sie sich ansahen.

Heute sitzt Sokratesa am Tisch bei den anderen, aber sie ist doch allein. Völlig vertieft malt sie mit brauner dickflüssiger Farbe auf dem Tisch. Als die Clowns näher kommen, sehen sie, dass es Schokopudding ist. Behutsam nimmt Sokratesa Löffel für Löffel aus dem Becher und fügt ihn in sanften Schwüngen ihrem Bild hinzu, sorgfältig darauf bedacht, dass sie nicht über ihr vorgesehenes Quadrat malt, dass sich durch die Plastiktischdecke abzeichnet.

Staunend nehmen Liesel und Lotti wahr, wie der Löffel zum Pinsel wird und in feinen Bögen über den Tisch gleitet. Als sie kurz aufblickt und in Lottis neugieriges, fasziniertes Gesicht schaut, strahlen ihre Augen. Dann wendet sie sich wieder hingebungsvoll ihrer Arbeit zu.

Was für ein Flow, denkt sich Lotti, während sie die anderen BewohnerInnen begrüßt, nicht ohne hin und wieder einen Blick auf die Künstlerin zu werfen.

Später, als die Pflegerin kommt, hält Lotti die Luft an. Aber auch diese nimmt wahr, wie wertvoll und wichtig der Augenblick ist, schimpft nicht, und als sie irgendwann das Kunstwerk wegwischt, tut sie es liebevoll und mit ganz viel Achtung.

„Ich weiß, dass ich Herr Jeschke heiß.
Nur weiß ich nicht, ob ich morgen
noch weiß, dass ich Jeschke heiß."
Ein Bewohner einer Demenzstation,
als er sich den Clowns vorstellt.

Ein Geheimnis

In der ganzen Cafeteria auf der Demenzstation herrscht heute gute Laune. Das liegt sicher auch mit an den liebevollen, gewitzten Pflegern, die heute Dienst haben. Als die Clowns dann noch dazu kommen, steigert sich die Stimmung weiter, es wird gelacht, gesungen, ja fast schon gefeiert.

Nur eine Dame sitzt in sich zusammengesunken am Tisch, der Kopf hängt tief herunter.

Lotti setzt sich leise neben sie, reicht ihr eine Hand, welche die Dame ergreift und ganz festhält.

Die beiden kennen sich. Die wundervolle Frau mit den großen lieben Augen kann sich normalerweise nicht mehr richtig mitteilen. Sie möchte gern, aber aus ihrem Mund formen sich für die Ohren Außenstehender unverständliche Satzbrocken. Oft versteht man aber einfach die Stimmung, die trotz alledem vermittelt wird.

Heute schaut sie Lotti von der Seite an und gibt ihr ein Geheimnis preis. Die Worte kommen erstaunlicherweise sehr klar und deutlich über ihre Lippen: „Weißt du, wir alle müssen sterben. Keiner weiß, wann das genau geschieht. Und kaum einer weiß, welche wunderbaren Dinge da geschehen."

Lotti ist erst mal verblüfft und bedankt sich dann für dieses tolle Geschenk und dass sie von ihr einfach so viel lernen kann. Daraufhin erklärt ihr die Dame lachend, dass sie das Hinübergehen in die andere Welt schon ein paar Mal erlebt habe. Die beiden stecken vertraut die Köpfe zusammen und schauen der feiernden Runde zu, glücklich, ein tiefes, gemeinsames Geheimnis zu hüten.

*„Man kann sich selbst verlassen …
muss man aber nicht."
Günther, 97 Jahre*

Herr Marus

„Wer oder was ist eigentlich Corona, kann man das essen?" So lautete eine typische Herr-Marus-Frage. Hat er sich diese Frage wohl noch gestellt? Hat er verstanden, was hier passiert? Saß er in seinem tollen Ohrensessel oder lag er still in seinem Bett? Hat er noch sein letztes Bierchen getrunken?

Fragen über Fragen, die ohne Antwort bleiben werden, so war es bei Herrn Marus. Nur hatten die Fragen früher einen Sinn und eine wunderbare Aufgabe gehabt.

Schon beim ersten Besuch begann das „Frage-ohne-Antwort-Spiel". Herzlich begrüßte er die Clowns mit einem süffisant lächelnden Gesicht, dieser Schelm suchte seinesgleichen. Es war doch nichts Außergewöhnliches, wenn zwei Clowns ins Zimmer kamen. Es schien völlig normal, und Liesel und Lotti fühlten sich, als wären sie schon immer zu Besuch gekommen. Wer war dieser Mann?

Seine Fragen wurden von ihnen natürlich clownesk, aber brav beantwortet, und er hatte sichtlich Spaß daran, die Fragen der Clowns mit funkelnden Augen und einer liebenswerten Frechheit nicht zu beantworten. Seine Cleverness beeindruckte immer wieder aufs Neue und bot ihnen einen großen Teppich an Spielmöglichkeiten.

Er blieb immer förmlich, bewahrte die Etikette, wie es sich für einen Gentleman gehörte. Er ließ die Clowns nah an ihr Ziel und machte ihnen Hoffnung, bis sein spitzbübisches Grinsen nicht mehr zu übertreffen war, dann fragte er: „Kann man das essen?“

Was hatten sie für ein Spaß mit ihm, auch dann noch, als er ihnen gestand, warum er von sich nichts preisgeben wollte. Was haben sie ihm nicht alles für Berufe angedichtet, und er sagte, ohne mit der Wimper zu zucken: „Wenn ich es euch sage, dann kommt ihr mich ja nicht mehr besuchen.“

Kann man mit 94 Jahren noch so ein Charmeur und Schlitzohr gleichzeig sein? Sie hatten Herrn Marus so fest in ihr Herz geschlossen, dass jeder Besuch eine wahre Freude war.

Lotti versuchte sogar, den Pfleger davon zu überzeugen, dass ihr Herr Marus weit weg von Demenz sei.

Nun gibt es leider kein „Frage-ohne-Antwort-Spiel“ mehr. Nicht einmal ein Abschiedswort, kein Winken, kein „Bis bald“. Fragen, die nie eine Antwort im Sinn hatten, werden ihnen unvergesslich bleiben. Sie sehen ihn vor sich, süffisant lächelnd in seinem Ohrensessel. Das Bild tröstet sie darüber hinweg, dass er einsam und ungefragt gehen musste.

Und: Ja, das kann man essen!

„Ich bin momentan nicht gut beieinander. Aber früher war ich auch schon nicht ganz dicht."
Walther, 81 Jahre

Die Wackelblume

Sie treten in einen Raum voller Erwartungen – „Heute kommen die Clowns!", so hieß es für die BewohnerInnen.

Für Liesel und Lotti ist so ein Einsatz in einem neuen Seniorenheim auch immer sehr spannend, weil sie nie wissen, was sie erwartet und wie die BewohnerInnen auf sie reagieren.

Von den vielen älteren Menschen werden sie vorsichtig, aber auch neugierig empfangen. Sie stellen sich vor, so wie sich Lotti und Liesel nun einmal vorstellen, indem sie einfach einen Schritt nach vorne gehen, versuchen, sich die vielen Namen der BewohnerInnen zu merken, und bringen natürlich alles durcheinander. Nach kürzester Zeit erfüllen Musik und Gesang den Raum, die Stimmung ist wunderbar und ein Lächeln folgt dem nächsten.

Die Clowns suchen dann den Kontakt zu jedem Einzelnen, um auch ja keinen der BewohnerInnen zu übersehen und jeden mit seinen Emotionen genau da abzuholen, wo er gerade ist.

Auch die Pfleger und Pflegerinnen sind sichtlich berührt davon, was Liesel und Lotti aus dem einen oder anderen Bewohner so „rauskitzeln".

Lotti sitzt auf der anderen Seite des Raumes bei einer Bewohnerin. Liesel formt eine Wackelblume aus einem Ballon und stolpert auf einen schon sehr in die Jahre gekommenen Mann im Rollstuhl zu, der bis dato nicht viel am Geschehen teilgenommen hat. Mit dem breitesten Grinsen der Welt schenkt sie ihm die pinkfarbene Wackelblume.

Er nimmt sie in seine Hand, erhebt sie zum Himmel, schaut Liesel an und sagt mit einem bezaubernden Lächeln laut und deutlich: „Sieg Heil!"

Zuerst scheint der ganze Raum zu erstarren, denn hier ist ein strenges Tabu gebrochen worden. Doch was will man einem sehr stark an Demenz erkrankten Mann mit einer pinkfarbenen Wackelblume in der rechten Hand übel nehmen? Die frühen Jahre drängen bei den älteren und besonders bei den dementen Menschen immer mehr in den Vordergrund. Und die Clowns sind für „Verurteilungen" sowieso nicht zuständig, denn sie nehmen die Menschen so, wie sie eben sind.

Gerade wegen ihrer Absurdität hat diese Szenerie auch eine gewisse Komik und die Clowns werden sie sicher lange in Erinnerung behalten.

„Wer nicht lacht, braucht nicht zu meiner Beerdigung kommen!“
August, 92 Jahre

Leo aus Kasachstan

Fast schon wie ein kleiner Junge liegt Leo in seinem Bett, den Kopf seitlich auf das Kissen gelegt. Sein blaues Hemd passt zu seinen schönen Augen. So liegt er nun und wartet – wartet, dass etwas passiert, und wartet, dass nichts passiert. Die Clowns gehen um sein Bett herum und begrüßen ihn, er schaut sie fragend an, richtet sich sofort auf und setzt sich auf seine Bettkante. Lotti stellt sich vor, nimmt Anlauf und springt in die Luft. Dann zupft sie an Liesel rum und schiebt sie in Richtung Leo. Auch Liesel stellt sich vor.

Von Leo kommt erst einmal keine große Reaktion, bis Lotti herausfindet, dass er Russisch spricht. Ha, das ist ja für die Clowns kein Problem.

„Menya zovut Liesel.“

„Menya zovut Lotti.“

Und das Eis ist gebrochen.

„Katjuscha“ muss her. Liesel holt das Liebeslied aus dem Koffer. Sie knien sich vors Bett und zählen: „Adin, dwa, tri …“

Am Ende der Strophe stimmt Leo mit ein. Seine Augen sind ganz klar und erinnern an einen See im Sternenschein. Sein Gesicht wird weich und seine Haltung sowie seine Stimme fast ein wenig patriotisch.

Liesel nimmt seine Hände und tanzt mit ihm, am liebsten würde er sie zu sich ziehen. Seine Erinnerungen sind ohne jedes Wort zum Vorschein gekommen. Als die Melodie verstummt, lässt er sich in sein Kissen fallen und lächelt – ein Lächeln, das Schmerz ausdrückt, aber zugleich auch Dankbarkeit.

Ein leises „Doswidanje" und die Clowns verabschieden sich. Leo winkt ihnen mit letzter Kraft nach, aber sein Lächeln bleibt.

„Mädel, du bisch a guäta Bub!"
Agnes, 79 Jahre

Die selbstloseste Geste

Valentina schaut, sie schaut durch Liesel durch oder doch in sie hinein. Keine Regung, keine Bewegung, nicht mal ein Wimpernaufschlag ist sichtbar und doch spürt man ihre eigene absolute Klarheit.

Nimmt sie Liesels Hand, ja, nein, vielleicht? Lange hat es gedauert, bis sie sich den Clowns geöffnet hat. „Lauf, Valentina, lauf …", das war ihr erster Impuls, als sie den Clowns zunächst begegnete.

Doch vorsichtig und mit Demut näherten sie sich ihr immer wieder aufs Neue.

Fast ein halbes Jahr sollte es dauern, bis sie eine erste sichtbare Reaktion bemerkten. Als Liesel dann eines Tages ein echtes weiches Hasenfell mitbrachte und es behutsam auf ihren Schoß legte, spürte Valentina sofort dieses Fell. Sie nahm das Geschenk ohne sichtliche, aber mit fühlbarer Emotion an.

Wieder ein paar Wochen später gab sie Liesel das allererste Mal mit einem tiefen ersten Blick ihre Hand. Auch blieb sie nun länger sitzen, wenn die Clowns kamen. Dadurch, dass sie nicht weglief, zeigte sie ganz deutlich, dass es ihr Freude bereitete, wenn sie da waren.

Unbeschreiblich dann eines Tages dieses Wunder: Liesel sitzt an Valentinas Tisch und singt ein Lied für sie und ihre Tischnachbarin. Sie hört aufmerksam und ohne Regung zu, so wie die Clowns sie inzwischen kennen- und lieben gelernt haben, als sie plötzlich Liesels Hand nimmt und mit ihr aufsteht.

Sie lässt Liesels Hand nicht mehr los und läuft mit ihr aus dem Aufenthaltsraum hinaus und durch den Flur. Es fühlt sich wundervoll an und Liesel ist überwältigt von dem ihr entgegengebrachten Vertrauen. Wo geht sie nun mit ihr hin? In ihr Zimmer?

Nein, sie stoppt vor Hildchens Zimmer, öffnet vorsichtig die Tür, zieht Liesel hinein und geht mit ihr zum Bett der 102-jährigen Dame. Dann nimmt sie Liesels Hand und legt sie ganz behutsam auf Hildchens Brust, schaut Liesel tief in die Augen und verlässt das Zimmer.

Da steht Liesel nun, völlig sprachlos, eingetaucht in eine Welle aus Liebe, Selbstlosigkeit und tiefstem Vertrauen.

Valentina. Danke schön.

„Einfach nix tun. Sondern machen."
Frau Rembold, 99 Jahre

Sie singt

Ausgelassen ist die Stimmung – die Damen am Tisch feiern mit den Clowns, insbesondere die wunderbare, kleine zierliche Schlesierin ist heute fröhlich und reißt mit ihrem hüpfenden Lachen alle mit. Sie organisiert anfangs erst mal die Sitzordnung, da die Clowns damit völlig überfordert sind. Keiner der „Rotnasen" will in der Mitte sitzen, es wird auch nicht besser, wenn man den Stuhl einmal um den ganzen Tisch getragen hat.

Dann muss einer der Clowns heftig nießen, und dabei entdeckt er einen kleinen Fleck oben an der Decke. War das der Räuber Hotzenrotz? Keiner weiß es, aber eines wird klar: Der Fleck da oben darf nicht alleine bleiben, das wäre zu grausam, so als einzelner Fleck, das ist doch kein Leben. Also darf sehr umständlich noch einer dazu. Lotti steigt auf einen Stuhl und malt mit einem Buntstift aus dem Fleck eine Blume. Und noch eine Zweite daneben. Aber wie kommt man da eigentlich wieder runter vom Berg ... äh, vom Stuhl?

Huckepack natürlich!

Ein Clown stimmt das Lied „Am Brunnen vor dem Tore" an und das lässt die Wangen der hüpflachenden Schlesierin mit dem vierbeinigen Stock erglühen. „Ach, was ham wir früher gesungen und wenn der Papa dann das Akkordeon ausgepackt hat, da blieb keiner sitzen …"

Eine einzelne Dame mit wunderschönen grünen, großen Eulenaugen beteiligt sich nicht am Geschehen. Sie schaut aufs Meer. Oder tief in die Nacht. Oder zurück auf das Erlebte?

Es heißt immer wieder, sie sei schwer krank. Ab und an macht einer der Clowns bei ihr Station, streichelt ihr über den Arm, flüstert ihr was zu. Sie schaut kurz rüber, um dann wieder in die Ferne zu schweifen.

Das Halligalli geht weiter, eine hübsche Pflegerin nach der anderen erscheint auf der Bildfläche. Die Clowns sind ein wenig neidisch. Gibt es da einen Trick mit diesen Schönheiten? Also muss man nur durch diese Tür kommen und ist dann auch so schön?

Bevor das ausprobiert werden kann, kommt ein Herr aus dem Aufzug. Aber was ist das? Er hat keinen Fahrschein! Wo gibt's denn so was? Schnell wird ein Tagesticket ausgehändigt (ist ziemlich teuer, kostet ein ganzes Lächeln), mit der Auflage, jetzt aber ganz viel hoch- und runterzufahren, damit es sich auch lohnt.

Aber ach, irgendwann müssen die Clowns weiter, die Verabschiedung dauert noch mal so lange wie die umständliche Begrüßung, und nur allzu gern lassen sie sich dadurch ablenken und singen ein Abschiedslied und dann noch eines.

Bei „Muss i denn, muss i denn zum Städtele hinaus" passiert es schließlich: Eine klare, schöne Stimme ertönt plötzlich. Sie gehört der „abwesenden Eulendame", die jetzt ganz da ist und mit ihrer Inbrunst alle anderen zum leisen Erstaunen bringt. Ganz allein stimmt sie dann noch die zweite Strophe an und treibt dem Clown, der vor ihr in die Hocke gegangen ist, die Tränen in die

Augen. Nach dem Verklingen dieser schönen alten Stimme, die eigentlich nicht mehr spricht, weil schon keine Worte mehr da sind, verschwinden die Clowns leise und sehr glücklich.

Das Geheimnis

Dame: „Kommt mal her, ich erzähle euch ein Geheimnis."
Clown: „Warte, ich mach noch die Tür zu, sodass uns keiner belauschen kann." (Wohlgemerkt standen wir vor ihrem Zimmer auf dem Flur.)
Sie ließ mich gewähren, lachte, zog mich zu sich, drückte mich und sagte: „Ach Liesel, du tust mir einfach nur so gut. So, und nun mein Geheimnis: Wir haben den ganzen Film über geschmuchelt bis kurz vor die Grenze, also so arg, dass ich bis heute nicht mehr weiß, wie der Film hieß.
Er war halt mein Liebster."

„Ich habe gelernt, dass ich nicht für mich ein Taschentuch bei mir trage, sondern für jeden, der vielleicht eines brauchen könnte."
Aus dem Film „Man lernt nie aus"

Wenn der Vater mit dem Sohne

„Komm, Vater, stell' dich da hin, ich muss hier noch was besprechen."

Und so steht der Vater da wie ein braver Hund, den man ohne Leine vor dem Laden sitzen lassen kann. Sein Sohn geht ins Stationszimmer und erledigt die letzten Formalitäten – die letzten Formalitäten für die letzte Lebensstation seines Vaters.

Dessen Augen folgen dem Sohn, und obwohl die Scheiben durchsichtig sind, schaut er ins Leere, erstarrt, wie bestellt und nicht abgeholt – der Blick verwandelt sich von brav auf ängstlich. Dann erhebt sich seine Stimme, er macht laut deutlich, dass ihm die Situation unangenehm ist, und klopft an die Scheibe.

„Pssst, Vater, jetzt warte doch, ich komme gleich, jetzt schrei doch nicht so rum." Hilflosigkeit und Scham zeigen sich im Gesicht des Sohnes, er ist hin- und hergerissen zwischen den bürokratischen Anforderungen und der sich falsch anfühlenden Zurechtweisung seines Vaters.

Das Akkordeon von Resi, die heute Liesel begleitet, erfüllt den Raum der Demenzstation mit guter Laune, und die BewohnerInnen freuen sich, dass die Clowns wieder da sind.

Zwischen einer Clownsnase und dem Herzen besteht eine enge Verbindung und Liesel spürt, wie ihre rote Nase an ihr Herz klopft. Ihre Füße stolpern wie von selbst in Richtung Stationszimmer, die Glaswand zwischen Vater und Sohn scheint sich schon fast aufzulösen.

„Hallo, ich bin Liesel und komm jetzt öfter!"

Ungläubig nimmt der alte Herr ihre Hand und schaut sie mit einem Blick an, der tausend Fragen enthält. Eine ist ganz offensichtlich: „Oh je, wo bin ich denn jetzt hier gelandet, im Kindergarten?"

In diesem Augenblick tritt der Sohn aus dem Stationszimmer und maßregelt seinen Vater, er solle doch bitte höflich sein und aufhören, sich hier so aufzuführen.

Was für ein seltsamer Augenblick, denn der Sohn kann wohl nur denken: „Wir müssen uns hier benehmen!", und nimmt gar nicht wahr, dass er es bei Liesel mit einem Clown zu tun hat.

Sie schaut den Vater an und fragt ihn: „War er früher auch so ungezogen und hat er dann auf Sie gehört, wenn Sie geschimpft haben?"

Blicke gehen hin und her, Pause, Stille und dann ein Lachen, mit dem alle Last abfällt.

„Hallo, ich bin Liesel!" Nun kann sie auch den Sohn begrüßen. Sie nimmt ihn in den Arm und flüstert ihm ins Ohr: „Er muss hierbleiben, nicht Sie. Er hat Angst, genau wie Sie, lassen Sie ihn."

Seine Umarmung wird dankbar fester und das Eis ist gebrochen.

Liesel wendet sich wieder dem Vater zu und nimmt seine Hand, in ihrer anderen immer noch die des Sohnes. Es ist kein leichter Weg und doch müssen beide ihn gehen. Für Liesel ist die Liebe zwischen ihnen spürbar und sie hofft, eine Brücke zu sein.

Einige Zeit später hat sich Herr Baum eingelebt, seine Frau ist auch auf die Station gekommen und sie haben noch einen kleinen Abschnitt des Weges gemeinsam beschritten. Seine Frau ist dann abgebogen, ohne dass er weiß, wohin.

Aber wenn der Vater mit dem Sohne ein Taschentuch braucht, ist eines da.

Mit Leib, Seele und Herz

Die unauflösliche Verbindung zwischen Essen und Erinnerung begleitet uns ein Leben lang.

In diesem Kapitel möchte ich selbst ein bisschen zurückgehen und Sie an meinen Erinnerungen teilhaben lassen.

Ich hatte das unsagbare Glück, eine Großmutter zu haben, die fantastisch gekocht und fantastisch gebacken hat.

Heute würde ich für einen original Thüringer Kloß halb und halb, hausgemacht von meiner Oma, alles geben. Nicht nur dass mir schon beim Schreiben das Wasser im Mund zusammenläuft, nein, es sind auch die Erinnerungen, die ich damit verbinde.

Wie wir morgens zusammen die Kartoffeln gerieben haben, wie sie mir gezeigt hat, wie diese dann in einem Geschirrhandtuch ausgedrückt werden, wie sie den Kochlöffel zu Hilfe genommen hat, damit sie das Tuch noch enger auswringen und noch mehr Flüssigkeit aus den Kartoffeln laufen konnte, wie behutsam sie mit dieser Flüssigkeit war, damit sich die Stärke unten absetzt, die dann später gebraucht wurde, um die gekochten und die rohen Kartoffeln miteinander zu verbinden. Die Zeit, die wir zusammen verbracht haben, bis der Kloß dampfend und gut riechend um 12.00 Uhr auf dem Tisch stand und es dann nichts weiter als eine leckere Soße dazu brauchte und alle nur noch genüsslich „mmmmhhhhh“ sagten.

Meine Oma hat mir viel beigebracht, und so lag es sehr nahe, dass ich eine Ausbildung zur Köchin gemacht habe und bis heute immer noch leidenschaftlich gern koche. Nie hätte ich gedacht, dass mir meine Liebe zum Kochen in meinem jetzigen Beruf so viel helfen kann, Menschen glücklich zu machen.

Essen weckt Erinnerungen, und so ist es auch kein Wunder, dass wir mit unseren Omis und Opis natürlich auch über das Essen reden, Erinnerungen erzählt werden und der Wunsch aufkommt, doch das eine oder andere Gericht noch ein letztes Mal zu essen. So entstand schließlich die Idee, dass Liesel und Lotti auch Wunscherfüllungen kulinarischer Art vornehmen.

Noch einmal Rotkraut riechen, noch einmal saure Kutteln essen, noch einmal mit einem Suppenlöffel Matjesfilet nach Hausfrauenart aus einem großen Bügelglas essen, noch einmal Soße vom Teller lecken und auf diese Weise noch einmal diese wunderschönen Erinnerungen, die mit dem Essen verbunden sind, wieder hervorholen.

Die tollen Gespräche, das Lachen am Tisch, das Klappern von Geschirr, Geruch, Geschmack und – was immer früher beim Essen dabei war –: Liebe.

Dieses Leuchten in den Augen, Gesichter, die mit jedem Bissen Erinnerungen verdeutlichen.

Manchmal bedarf es nur einer Kleinigkeit für etwas ganz Großes.

Na, was ist Ihr Lieblingsessen?

Katrin Jantz

„‚Mahlzeit‘, was soll das?
Was heißt das?“
Dr. Wilmer, 98 Jahre

Mahlzeit

Doktor Wilmer klagt den Clowns eines Tages ganz aufrichtig sein Leid:

„Eigentlich habe ich ja eine Sonderabmachung und dürfte mir mein Essen auf das Zimmer bringen lassen, aber einmal am Tag geh ich dann doch in den Speisesaal. Zum Mittagessen treffe ich mich mit zwei anderen Herren, wir reden zwar nicht viel, aber ein bisschen was. Mit dem einen mehr, mit dem anderen weniger. Aber eines ist wirklich, wie soll ich sagen? Es regt mich so auf, bis zum Erbrechen. Und dies Tag für Tag für Tag.

Beim Betreten des Speisesaales erschallt ein kollektives ‚Mahlzeit‘. Jeder in den Saal Eintretende sagt inbrünstig aus voller Überzeugung: Mahlzeit! Und alle sich schon im Saal Befindenden antworten wie mechanisiert: Mahlzeit!

Es ist wie ein rauschendes Meer, das vom Sturm an die Klippen geschlagen wird und dessen Echo in den Felsen verklingt. Vierzigmal Mahlzeit! Eine Schafsherde, statt einem ‚Mäh‘ ein ‚Mahlzeit‘ und alle mähen mit. Ich verstehe es nicht, oder anders gesagt: Ich mag es nicht verstehen.

Es ist Zeit, das Mahl einzunehmen, feierlich und altertümlich, ja genau, altertümlich, da haben wir es doch. Alt, ja, wir sind alt, aber feierlich? Vielleicht feierlich, weil wir ein langes Leben hatten, feierlich, hier gemeinsam zu sein und jeden Tag ein Essen zu bekommen. Es ist ein knapper Gruß, der doch für viele so viel bedeutet. Oder auch nicht?

Ja, ich ertrage es, denn ich weiß, für viele ist es das Einzige, um das Gefühl der Gemeinsamkeit und Lebendigkeit noch zu spüren.

Nein, ‚ertragen' ist das falsche Wort, ich verstehe es sogar. Wie dankbar kann ich sein, dass mein Kopf mit fast 98 Jahren noch so klar ist, dass ich es verstehen kann und mir die Einsilbigkeit und Stumpfheit dieser Situation überhaupt Tag für Tag bewusst wird.

‚Mahlzeit!' sage auch ich beim Betreten des Speisesaals und ‚Mahlzeit' antworte auch ich, wenn jemand hereinkommt. Das gehört sich so, das ist nicht nur der Anstand, sondern Akzeptanz, Feinfühligkeit, Verständnis und eine sehr große Dankbarkeit.

Dankbarkeit dafür, dass die Zeit eine Freundin ist und sie mir die Möglichkeit geschenkt hat, viele Dinge im Leben auch noch einmal aus einer anderen Sichtweise zu sehen und zu verstehen."

Er hatte am Ende seines Lebens noch so viel Verständnis und Respekt für seine Mitmenschen. Ein sehr bewundernswerter Mann mit einem großen Herzen.

„Für Franzosen ist Essen zu gehen ein Kurzurlaub."
Herr Loev, 96 Jahre

Ein kleiner Moment in Paris

Endlich war es so weit: Die BewohnerInnen eines Seniorenheimes, das die Clowns wöchentlich besuchen, durften wieder gemeinsam unten im Speisesaal zu Mittag essen, anstatt – wie die zwei Jahre davor – coronabedingt alleine auf ihrem Zimmer oder allerhöchstens zu dritt im Stationsbereich.

Es lag eine richtige Feststimmung in der Luft, und viele der BewohnerInnen standen schon um 11 Uhr ganz aufgeregt mit ihren Rollatoren oder Rollstühlen vor dem Aufzug.

Auch die Clowns waren ganz aufgeregt und rangierten und organisierten die Aufzugsfahrten. Was für ein Spaß, links – rechts – aha, da war noch eine Handbreit Platz … „Alles einsteigen, die Fahrt geht los!" Dann Halt im zweiten Stock, die Tür ging auf und der nächste Schwung stand zappelig und ungeduldig im Flur.

Als sie dann nach ihren Aufzugsfahrten in den Speisesaal kamen, erwartete sie ein wundervoller Anblick: Alle Tische waren festlich gedeckt und die BewohnerInnen saßen freudestrahlend zusammen, unterhielten sich, lachten und aßen miteinander.

Doch ein Herr fiel ihnen besonders auf, ihr viel geliebter Herr Loev. Seit über drei Jahren besuchen sie ihn regelmäßig und haben schon viele spannende und auch traurige Momente mit ihm erlebt.

Für Herrn Loev, der 60 Jahre lang ein Hotel mit Restaurant in Paris hatte, ist das Essen im Seniorenheim – vor allem wenn es abends Käsebrot mit Gewürzgurken gibt – nicht unbedingt excellente cuisine française, also keine ausgezeichnete französische Küche. Aber eines haben die Clowns schon immer an ihm bewundert: Er kann sich seine Situation so schön wie möglich machen, nach dem Motto: „Das ist halt so – ich mache das Beste draus!"

Im Speisesaal saß dieser Herr Loev nun also zum ersten Mal nach so langer Zeit mit seinen Mitbewohnern zusammen beim Essen.

Schon der erste Blick zeigte, wie besonders das für ihn war. Seine Serviette lag auf seinen Oberschenkeln, seine Haltung war seinen 98 Jahren zum Trotz aufrecht und stolz. Mit großer Sorgfalt und absolut nach Knigge zerteilte er seine Frikadelle und nahm vorsichtig, ja fast schon zärtlich seine Spätzle und das Gemüse mit auf die Gabel.

Es schien, als wäre er in Gedanken in einem der besten französischen Restaurants. Es war völlig gleichgültig, was auf seinem Teller wirklich war, für ihn war es wiedergewonnene Lebenskultur. Da Liesel als Clown auch gerne Wünsche erfüllt, war ihr sofort klar, was hier getan werden musste: Einmal noch ein Besuch in einem Restaurant mit feinstem, französischen Essen. Und da sie Herrn Loev ja schlecht nach Frankreich bringen konnten, sollte Frankreich eben zu ihm kommen.

Vier Wochen später klopfen die Clowns an seine Tür und treten ein. „Oh, ihr seid es, sorry, ich habe gar keine Zeit. Ich muss runter in den Speisesaal, es ist Mittagessenszeit“, sagt er ganz höflich.

Aber Liesel und Lotti sind auf einer Mission. „Nein, nein, Herr Loev, heute werden Sie von uns entführt.“ Und ohne Zeit zu verlieren, gehen sie zu seinem Tisch und verwandeln ihn in Sekundenschnelle in einen französischen Restauranttisch mit schöner Tischdecke, Servietten, Kerzen, Blumen und einem Weinglas. Lotti spielt französische Chansons, und sie bitten „Monsieur“ Loev zu Tisch.

Liesel huscht flink in die Stationsküche und richtet dann das mitgebrachte Essen. Mit einer Serviette über dem Arm und einem zarten Coq au Vin auf dem Teller, serviert sie ihm elegant sein Mittagessen. Zu dem traditionellen französischen Gericht, einem mit Wein zubereiteten Hähnchen, schenkt Lotti ihm exzellenten französischen Rotwein ein und man wünscht „Bon appétit“.

Auf die Frage, ob er ein Glas Wasser zu seinem Essen möchte, lächelt er spitzbübisch und sagt: „Ich brauche doch kein Wasser, wenn ich Wein habe.“

Musikalisch begleitet von der Musik der wunderbaren Edith Piaf nimmt er ungläubig seinen ersten Bissen. Was in den folgenden Minuten passiert, ist wunderbar. Sein Gesicht wird ganz weich, und mit jedem Bissen, den er nimmt, sieht man, dass eine Erinnerung nach der anderen sein Herz erfüllt.

Er schaut Liesel und Lotti an und fragt leise: „Womit habe ich das verdient?“ Immer wieder kommt dieser Satz, während das Hähnchen und die Kartoffeln auf seinem Teller weniger werden.

Liesel bietet an, den Knochen vom Fleisch zu lösen, doch Herr Loev besteht darauf, sein Hähnchen selber „auszuziehen“, was er dann gekonnt und sauber tut.

Er strahlt übers ganze Gesicht und sieht mindestens 30 Jahre jünger aus.

Die Clowns wissen lediglich von ein paar Stationen seines langen Lebens und können nur erahnen, was dieser Mann alles erlebt hat, aber in diesem Moment lässt er sie wortlos an ein paar schönen Erinnerungen teilhaben. Für die beiden ist es überwältigend, einen Menschen so überglücklich zu sehen, und dies nur mit etwas Würde, Musik, einer Tischdecke und gutem Essen.

Sie werden diesen Moment nie vergessen und hoffen von Herzen, dass es ihm ebenso geht. In diesem Sinne: Bon appétit!

Hildchen: „Ich bin so eine alte Schachtel."
Liesel: „Ja. Aber eine schöne alte Schachtel."

Ich will Fisch

Es war noch recht am Anfang unserer Einsätze in einer Demenzstation. Auf einen Besuch dort kann man sich nicht hundertprozentig vorbereiten. Wir hüpften in unsere Clownsrolle und betraten singend die Station. Es war schon fast Abendbrotzeit und die BewohnerInnen saßen erwartungsvoll am Tisch. Auf dem Gang wurden wir leiser und gingen behutsam in den Aufenthaltsraum. Den Moment wahrnehmen, die Situation lesen und den Bewohner da abholen, wo er gerade steht, in seine Welt eintreten und nicht versuchen, ihn in unsere Welt zu holen, über all das haben wir viel gelernt und sind uns dessen bewusst.

Was aber, wenn die Stimmung so gedrückt ist, dass man selbst fast daran erstickt?

Da war er also, dieser Moment, wovor ein Clown Angst haben kann: Es kommt nichts! Gar nichts! Wir waren ja noch ganz am Anfang unserer Arbeit. Dann hat man vielleicht auch noch nicht den Mut und das Vertrauen, abzuwarten. Klar, die Ausbildung war beendet, aber wie in so vielen Berufen beginnt die wahre Ausbildung erst danach und im wirklichen Leben.

Aber zum Glück gab es ja Hildchen: „Ich will Fisch!", rief sie, ein „Spielangebot", das hätte besser nicht sein können.

Erst da bemerkten wir auch die Verzweiflung der Pflegerin, die bestimmt schon vor unserem Erscheinen mehrmals versucht hatte, der Dame zu erklären, dass es heute Leberwurstbrot gab.

„Ich will aber Fisch, Fisch, Fisch, Fisch!"

So haben wir Hildchen kennen- und lieben gelernt.

Hildchen wurde 103 Jahre alt, und wir besuchten sie mindestens dreimal im Monat. Sie ist die Dame, die uns mit dem Titel für dieses Buch beschenkt hat, denn kurz bevor sie sich auf ihre letzte Reise machte und wir sie im Himmel anmeldeten, sprach Hildchen ihren großen Wunsch aus: „Hoffentlich gibt's da oben Currywurst und Kuchen."

Diese erste Begegnung mit ihr endete jedenfalls mit einem zufriedenen Lächeln, denn Liesel erklärte ihr ganz ernsthaft, dass auf ihrem Brot feinste Fischpastete sei. Und so biss Hildchen siegesgewiss hinein, und das Leberwurstfischpastetebrot schmeckte ihr köstlich.

Die Pflegerin lächelte dankbar, denn für sie sind solche Situationen nicht so einfach und hier konnten wir mit Humor und ja sogar ein bisschen Frechheit (ohne die alte Dame zu veräppeln) helfen.

Aber nicht wir haben Hildchen gerettet, sondern sie hat uns gerettet, denn dies war für uns die erste gute Lektion darin, Spielangebote zu erkennen und mit Improvisation umzusetzen, mutig zu sein und Vertrauen zu haben.

„Zieh dich warm an, zieh dich warm an, die Kälte greift den Darm an."
Johanna, 94 Jahre

Schlesischer Streuselkuchen

Es ist doch immer wieder erstaunlich, wie die Clowns es erraten, wenn eine neue Bewohnerin ursprünglich aus Schlesien kommt.

Woran sie das merken? Es ist nicht nur der leichte, sympathische Akzent, nein, vielmehr diese unglaublich bewundernswerte Lebenseinstellung. Diese natürliche Fröhlichkeit, selbst in misslichen Situationen, wie es sie im Heim doch immer mal wieder gibt. Dieses schallende Lachen, das den ganzen Körper erbeben lässt. Dieses Annehmen von Schwierigkeiten, ohne mit der Wimper zu zucken. Diese musikalische Ader und die Liebe zu selbst gemachtem Streuselkuchen mit mehr Streuseln als Kuchen.

So liegt auch Gerda eines Tages vor den Clowns im Bett, sie kennen einander noch nicht, doch Gerdas Blick scheint eher amüsiert als verwundert, als sie um die Ecke kommen.

Obwohl sie an mehrere Schläuche angeschlossen und ihr Kopf in einer Halskrause gesichert ist, gelingt ihr ein herzliches Lächeln, als sie sich als Clowns Frieda und Lotti vorstellen.

Das Zimmer ist kahl, und alles deutet darauf hin, dass Gerda ziemlich spontan aus dem Krankenhaus hierher verlegt worden ist. Solche Ereignisse bringen oft viel Verunsicherung mit sich. Nicht so bei Gerda. Als wäre es nie anders gewesen, plaudert sie wie selbstverständlich mit den Clowns, schwärmt von schlesischem Eisbein mit Sauerkraut und Kartoffelbrei. Und vertraut ihnen ganz nebenbei ihr Alter an: 95 Jahre! Natürlich wird auch gesungen, Gerda summt mit, so gut es ihre Schläuche erlauben, und erwidert Lottis Umarmung anschließend herzlich.

„Jeder Tag ist ein Geschenk", gibt sie den tief beeindruckten Rotnasen mit auf den Weg. Diese nehmen sich von so viel schlesischem Frohgemut eine Scheibe mit. Für schlechte Zeiten.

Gerda – du bist zum Niederknien!

„Heute, hier und jetzt und in meinem vollen geistigen Zustand, erkläre ich hiermit, dass ich alle Mäuse aufgegessen habe und ins Gras beiße. Ich hätte da oben gerne eine Chaiselongue mit waschbarem Kissen, mein Mann liegt schon drauf. Und ein Fleischküchle."

Roswitha, 76 Jahre

Schlafen oder nicht schlafen

Zwei müde Clowns sind heute unterwegs. Daraus machen sie auch keinen Hehl, als sie im zweiten Stock aus dem Aufzug steigen und die drei Damen antreffen, die sie nach einer Fernsehsendung der Achtzigerjahre „Die drei Damen vom Grill" getauft haben, weil die immer im Dreierpack auftauchen. Es sind Geduldi (weil sie immer so geduldig übt, um eines Tages wieder laufen zu können), die Dresdnerin (Dräsdn rein und Dräsdn wieder raus) und ihre treue Freundin, die immer jeden Unsinn für machbar befindet.

Die Margerite auf dem Tisch muss dann herhalten. Mit ihrer Hilfe wird einem geflügelten Satz nachgegangen: Schlafen oder

Nichtschlafen, das ist hier die Frage! War das von Omlette? Nein von Hamlet!

Liesel zupft also ein Blütenblatt nach dem anderen ab und murmelt: „Schlafen." Lotti schläft prompt tief und fest auf dem Sofa ein.

„Nicht schlafen." Genauso prompt wacht sie wieder auf, weiß nicht, wo sie ist.

„Schlafen." Schon wieder schnarcht Lotti und sägt dabei Wälder ab.

„Nicht schlafen." Lotti steht kerzengerade und salutiert.

„Schlafen." Kerzengerade fällt sie wieder auf Sofa, murmelt im Traum etwas von Schokopudding.

„Nicht schlafen." Wo ist jetzt der Schokopudding?

Das letzte Blatt erlaubt Lotti dann glücklicherweise, zu schlafen. Nur hat sie die Rechnung ohne die Damen vom Grill gemacht. Lautstarker Protest, also so geht's nicht, die Clowns müssen doch wach sein und noch ein Lied mit ihnen singen!

Also gesagt, getan.

Anschließend sind Liesel und Lotti dann glücklicherweise auch wieder fit, alle Müdigkeit ist von ihnen gewichen und sie ziehen von dannen.

Begegnungen

Was für uns Clowns immer wieder erstaunlich, überraschend und berührend ist, sind die unplanbaren kleinen Begegnungen mit den Menschen.

Wir können uns nur bedingt auf unsere Einsätze vorbereiten. Natürlich müssen wir unsere „Hausaufgaben" machen. Dazu gehört, dass wir gut nach uns schauen und bei uns sind, regelmäßige Fortbildungen zu den Themen Slapstick, Partnerarbeit, Instrumente, Lieder und Körperarbeit machen, auch zum Hoch-Tiefstatus, womit gemeint ist, dass einer, der Weißclown, das Sagen hat und der andere „dumme August" immer alle Befehle falsch oder unzureichend ausführt. Je unterschiedlicher die Clowns sind, desto witziger kann es werden.

Manchmal nehmen wir uns ein Thema vor, wenn wir in den Einsatz gehen, aber ob und wie sich das gestaltet, hängt dann immer von unseren HeimbewohnerInnen ab.

Es kommt durchaus auch vor – gerade wenn wir noch neu im Haus sind –, dass wir hochkant aus dem Zimmer geworfen werden. Beim nächsten Besuch kann das aber dann schon wieder ganz anders sein und wir werden liebevoll empfangen.

Ein Bewohner einer Pflegestation für mehrfach schwerstbehinderte Menschen hat uns ein ganzes Jahr lang immer wieder hinauskomplimentiert. Wobei – Komplimente waren die Worte nicht, mit denen er uns bedachte. Wir nahmen es nicht persönlich (das darf man als Clown sowieso nicht) und versuchten es immer wieder.

Eines Tages hatten wir Rosalie dabei, eine vornehme rosarote Schweinedame in Form einer Handpuppe. Als Franky, so hieß der Bewohner, sie sah, war es Liebe auf den ersten Blick! Sogar wir Clowns wurden geduldet, solange Rosalie mit ihm kuschelte. Glücklicherweise gelang es uns noch, die beiden feierlich zu verheiraten, bevor Franky kurze Zeit später starb.

Ein anderes Mal durften wir ein und dieselbe wundervolle Oma bei einem Besuch gleich zweimal kennenlernen. Das erste Mal saß sie wie in einem Gemälde zwischen Blumen und Bildern, was uns schon allein beim Angucken entzückt hat. Als wir dann näher kamen und uns vorstellten, schenkte sie uns ein warmes Lächeln, stellte sich als Lore vor und hielt ganz lange Lottis eiskaltes und Liesels glühendheißes Händchen. 90 Jahre und so fit, wie habe sie das bloß gemacht? „Einfach gelebt", sagte sie schelmisch grinsend.

Später in der Cafeteria dann die Überraschung: Lore saß an einem Tisch, und als wir sie entdeckten und ein großes Hallo veranstalten wollten, stellte sie sich wieder mit ihrem bezaubernden Lächeln vor und fragte uns, wer wir seien. Ach, wie war das schön, gleich noch mal von vorne anfangen zu dürfen und diese tolle Oma ein zweites Mal kennenzulernen …

Manchmal sind es auf den ersten Augenblick auch nur klitzekleine oder ganz leise Begegnungen, die dann aber umso tiefer gehen.

Frau Helm (nachdem sie uns über ein Jahr immer des Zimmers verwiesen hatte): „Wisst ihr, wenn ihr dann singt, das geht mir zu tief rein, da mag ich gar nicht hinhören."

Klitzekleine Sachen

In der Cafeteria ist es heute sehr ruhig. Die Stimmung scheint fast ein wenig gedrückt.

Am Fenster sitzt ein Mann. Die Clowns sehen sein Gesicht nicht – er hat es zwischen seinen Armen vergraben, die auf seinen Oberschenkeln ruhen. Lotti geht vorsichtig an seinen Tisch, setzt sich neben ihn auf den Stuhl und vergräbt ebenfalls weit vorgelehnt ihr Gesicht in den Händen. Von Weitem hört sie Liesel, die gerade mal wieder versucht, Schwäbisch zu lernen: „Lotti, was heißt Potschamber*?" „Pssst, wir meditieren", flüstert Lotti und sieht in diesem Augenblick auf die Füße des traurigen Herrn. Vorsichtig stupst sie mit ihrem Fuß an die Spitze seines Herrenschuhs. Er lässt es zu, was Lotti weiter ermutigt. Sie hebt ihre Fußspitze an und legt sie auf die seine.

Doch dort bleibt sie nicht lange, denn der Herr kann das auch. Ohne Weiteres nimmt er seinen Fuß und stellt ihn vorsichtig auf Lottis, was diese sich logischerweise nicht lange ansieht – ehe sie wieder die Oberhand oder besser gesagt den Oberfuß hat. Dann wieder

der Herr – dann wieder Lotti. So geht das eine ganze Weile. Als sie des Spielens müde sind, richtet er sich ein wenig auf und Lotti kann erst jetzt die wahnsinnige Länge seiner schmalen Beine ausmachen.

Sie staunt: „Wo haben Sie die denn her – gestohlen?“ Ein leichtes Nicken. Lotti: „Ich besorge mir auch solche und dann messen wir, wer die längsten hat.“ Noch ein kleines Nicken und ein wunderschöner kurzer Augenkontakt. Dann sinkt der Herr wieder in sich zusammen, und Lotti verabschiedet sich leise.

*Potschamber ist Schwäbisch für Nachttopf und stammt vom französischen „pot de chambre“ ab.

„Die Seele muss immer lustig sein."
Ljudmila, 89 Jahre

Giulia

Im Heim für mehrfach Schwerbehinderte erleben wir oft Wunder. Vielleicht mögen sie klitzeklein erscheinen, das sind sie aber nicht. Manches Mal scheint die Kommunikation sehr eingeschränkt. Umso mehr freuen wir uns, wenn der Funke überspringt und der Bewohner oder die Bewohnerin über das, was wir sonst von ihm kennen, hinauswächst.

Wie Giulia eines Tages. Normalerweise kommuniziert sie fast ausschließlich über die Augen. Manchmal sehr wenig – manchmal sehr intensiv, Bewegung ist kaum möglich. An jenem Tag aber hat Lotti wirklich eine unmögliche Frisur, als sie ins Zimmer kommt. Überall stehen wirr die Haare ab, sie sieht aus, als hätte sie in eine Steckdose gefasst.

So unmöglich, dass Giulia, als sie sich zu ihr übers Bett beugt und ein italienisches Lied zum Besten geben will, ihre Hand hebt und anfängt, Lotti ganz sanft die Haare zu richten.

Es ist sehr anstrengend für sie, die Hand so weit hochzuheben, Lotti beugt sich noch weiter zu Giulia hinunter. Sie hat Tränen in den Augen, so intensiv und wunderschön ist dieser Moment.

Als die Frisur endlich einigermaßen gerichtet ist, singen sie und Liesel noch ganz leise und behutsam ein Lied aus Giulias Heimat Italien.

„Wer morgens dreimal schmunzelt,
wenn's regnet nie die Stirne runzelt,
am Abend singt, dass alles schallt,
der wird 100 Jahre alt."
Sprichwort

Besuch im Doppelpack

Heute sind Felix und Lotti zum allerersten Mal zusammen unterwegs im Seniorenheim. Sie haben beschlossen, gleich als siamesische Zwillinge aufzutreten: eng beieinander und jede Bewegung möglichst im Einklang.

Nachdem sie in der beschützenden Station mit einer Dame ein neues Lied namens „Einmalige Ausgabe" kompostiert, äh komponiert und gemeinsam mit den anderen BewohnerInnen ausgiebig einstudiert haben, geht es weiter in den Wohnbereich.

Hier klopfen sie an die Tür von Herrn Ortlieb. Als sie die „Zwillings-Köpfe" ins Zimmer strecken, kommt ein süffisantes: „Ach ne, womit hab' ich das denn verdient!", und auf Lotti zeigend: „Die da kann bleiben, der muss wieder gehen."

„Kein Problem", versichert Lotti, schiebt Felix sanft, aber bestimmt zur Tür hinaus und kommt wieder herein. Doch da sie ja heute siamesische Zwillinge sind, läuft Felix ihr schnurstracks hinterher und steht auch wieder im Zimmer.

„Oje“, seufzt Lotti, schnappt Felix an seinen Hosenträgern und befördert ihn energisch wieder hinaus. Doch schon beim Reinkommen merkt sie, dass ihr Clownspartner dicht hinter ihr ist, fast wie ein Schatten.

„Moment, Herr Ortlieb, das haben wir gleich“, versichert Lotti, packt Felix an seiner Krawatte, zieht ihn daran nach draußen und nagelt die Krawatte mit ihrer flachen Hand an die Wand im Flur.

Herr Ortlieb drinnen erwartet sie grinsend. Er ahnt schon, dass es auch diesmal nicht funktioniert hat. Und tatsächlich schleicht sich Felix kurz drauf hinter Lotti wieder ins Zimmer.

Lotti überlegt kurz, dann hat sie eine Idee und schlägt vor: „Wie wäre es, wenn Felix hierbleibt und ich nach draußen gehe? Er ist auch ganz pflegeleicht. Und was der alles kann! Wenn Sie oben auf seinen Hut drücken, singt er.“

Sie demonstriert es kurz, und Felix singt in höchsten Tönen „Rote Lippen soll man küssen“, bis Lotti ihn oben am Hut wieder zum Verstummen bringt.

„Und wenn Sie hier drücken“, sie deutet auf den Krawattenknoten, „dann tanzt er.“

Gesagt, getan, Felix tanzt einen schrecklich-schönen Hula-Hula.

Das scheint zu beeindrucken.

Lotti erklärt weiter: „Ab und zu müssen Sie ihn mal gießen und nachts am besten ein Tuch drüber werfen, weil er sonst schnarcht.“

Herr Ortlieb ist sichtlich begeistert von der Idee, doch er ahnt, dass die siamesischen Zwillinge sich nicht trennen können und wollen. Er zückt sein Handy, fotografiert die beiden und erklärt: „So, jetzt hab ich euch beide hier drin – ihr dürft also ausnahmsweise zusammen wieder gehen … aber nur, wenn ihr hoch und heilig versprecht, wiederzukommen."

Das versprechen Felix und Lotti natürlich mit Vergnügen, machen im Gleichschritt noch eine Ehrenrunde durch das Zimmer und marschieren – mit etlichen Luftküssen in Richtung von Herrn Ortlieb – davon.

Die Hand

Wir Clowns staunen immer wieder darüber, wie sich das anfühlt, die Hand eines knapp unter oder sogar schon über 100-jährigen Menschen zu halten und nur erahnen zu können, was diese Hand schon alles berührt, gewerkelt, erlitten oder erfreut hat.

Wie viele Hände hat sie wohl schon geschüttelt?
Wie viel Teig geknetet?
Wie viele Briefe hat sie geschrieben, wie viel Haut gestreichelt, wie viele Tränen weggewischt?
Wie viele Zöpfe hat sie geflochten, wie viele Samen gesät?
Wie oft hat sie gefroren, wie viel Blut verloren?
Was hat sie schon beschützt und wofür gekämpft?
Wie viele Seiten hat sie umgeblättert?
Was hat sie schon alles versteckt? Was verschenkt?
Über wie viele Köpfe hat sie gestreichelt?
Wie vielen Menschen hat diese Hand schon zugewunken?
Wie viel hat sie gefleht, gebetet, ermahnt, entschuldigt und erkundet?
Wie viele Blumen hat sie schon gepflückt?
Wie oft schon wurde sie in Wasser getaucht – und in den Schnee?
Wie oft hat sie einen Ast zerbrochen oder sich am Feuer gewärmt?
Wie oft hat sie sich irgendwo festgehalten oder sich eingehakt?

Wievielmal hat sie wohl gespielt: „Das ist der Daumen – der schüttelt die Pflaumen – der hebt sie auf – der trägt sie nach Haus' und der kleine Schlingel isst sie alle auf!"?

Wie oft hat sie gehauen, gekratzt, gezwickt, Haare ausgerissen?

Wie oft sie sich in der Hosentasche versteckt?

Wie oft hat sie einen Schlüssel umgedreht, Türen auf- und zugemacht?

Wie oft hat sie Kostbares repariert oder vor Wut zerstört?

Wie viele Kusshände hat sie schon geworfen?

Hat sie jemals aus Ton Dinge geformt, Musik gespielt, den Takt geklopft oder ein Bild gemalt?

Wie oft schon hat sie die Hand eines Sterbenden gehalten?

Wie oft eine Kerze angezündet oder jemandem zu essen gegeben?

Wie oft hat sie heimliche Zeichen gegeben?

Und wie oft wusste sie nicht, wohin mit sich?

Wie oft hat sie vor Aufregung gezittert, eine Überraschung ausgepackt, schöne Strümpfe angezogen?

Wie oft hat sie Streusel vom Kuchen geklaut?

All das fragt sich der Clown, während er sanft über die alte Hand streichelt, die schon 100 Jahre auf dieser Welt ist.

„Wir haben ganz viel Ahnung …
aber nur von der Ferne."
Stefan, 71 Jahre

Der Häkelbikini oder die echte Paula

Resli und Lotti trauen ihren Augen nicht, als sie nach vorsichtigem Anklopfen das erste Zimmer von Station drei betreten: Da sitzt sie! Die echte Paula! Das ist nicht zu glauben! Ja gibt's denn so was?

Lotti zwickt sich. Autsch! Doch das ist kein Traum – sie ist es! Die allerechteste Paula!

Die wahnsinnig echte Paula, an die 85 Jahre alt, traut ebenfalls ihren Augen nicht, muss aber schmunzeln, als sie so begrüßt wird. Sie ist neu im Haus und sitzt etwas verloren in ihrem noch kahlen Zimmer. Leise fragt sie, ob es denn so unglaublich viele unechte Paulas gäbe. Ja und wie! Resli und Lotti sind sich einig, dass es massenweise unechte Paulas gibt und sie nun das große Glück haben, endlich die langersehnte echte Paula vor sich zu haben.

Sie erfahren, dass die waschechte Paula eine waschechte Näherin ist. Nun herrscht große Aufregung bei den Clowns. Eine Näherin? Da haben sie jetzt endlich jemanden gefunden, der ihnen Tipps geben kann, wie man aus den zwei runden Häkeldeckchen, die Resli in der Tasche hat, einen Bikini machen kann! Großartig! Schnell holt Resli die Deckchen raus, die – wie es Häkeldeckchen so an sich haben – große Lücken aufweisen, was Lotti jetzt so richtig auffällt und etwas beunruhigt. Aber Paula, die echte, beruhigt sie: „Man darf ruhig bissel was sehen."

Resli hält sich die zwei Deckchen vor die Brust und bekommt von der wundervollen echten Paula gesagt, wie sie am besten Bändel dranmachen kann, damit sie die beiden Teile nicht immer festhalten muss oder den Bikini gar nur im Liegen tragen kann, weil die Dinger sonst runterfallen.

Dann kommt noch die Frage auf, welches Bikini-Unterteil dazu passend wäre.

Das ist doch klar – man braucht weitere Häkeldeckchen, eines für vorne und eines für hinten, welche wiederum mit einem Band zusammengehalten werden. Auf Reslis Einwand, dass sie für hinten aber doch mindestens zwei Deckchen bräuchte, äußert die unbeschreiblich echteste Paula der Welt salopp: „Da reicht eines, man darf doch ruhig bissel was sehen!"

Clown: „Was ist denn das für ein roter Zettel an deiner Brille?"
Señiorita: „Damit jeder gleich sieht, dass ich nicht mehr ganz dicht in der Birne bin."

Ein richtig beschissener Tag

Liesel und Lotti klopfen heute fröhlich an die Tür von Herrn Heuschkel. Beschwingt betreten sie das Zimmer und bauen sich am Fußende des Bettes auf.

Herr Heuschkel jedoch fühlt sich heute gar nicht gut, und auf die Frage, wie es geht, kommt ein gerötcheltes, aber deutliches: „Beschissen!"

Bedröppelt schauen sich die Clowns an. „Wie beschissen jetzt genau?", möchte Lotti wissen.

„Vollkommen beschissen", mutmaßt Liesel.

Herr Heuschkel stimmt ihr zu.

„Neee", sagt Liesel, „ich glaube, es ist noch viel beschissenererer!"

„Ich hab's!" Lotti ist jetzt ganz aufgeregt und schnipst wie wild mit dem Finger. „Es geht Ihnen so richtig kackbeschissen!"

Herr Heuschkel muss schmunzeln. „Ja, so könnte man auch dazu sagen", murmelt er in seinen Bart.

Aber Liesel ahnt, dass da noch mehr dahintersteckt, sie guckt ihn sich noch mal ganz genau an. „Ich glaube, dass es Ihnen vollkommen beschissen im Quadrat hoch 10 geht.“ Alle drei sind baff.

„Genau so!“, pflichtet Herr Heuschkel bei und ist sichtlich zufrieden, dass ihn endlich mal einer versteht. Lotti ist nachdenklich. „Vielleicht ist es auch so ein richtiger Kack-die-Wand-an-Tag!“

Herr Heuschkel muss kichern. „Ja, so richtig braune Durchfallkacke!“, giggelt er.

Es kommen die Fragen auf, was mit so einem Beschissen-im-Quadrat-Tag anzufangen ist und ob man den noch retten kann.

Liesel und Herr Heuschkel schauen sich an und schütteln fast zeitgleich den Kopf. „Nein, Lotti, dieser Tag ist und bleibt hundsbeschissen mit Drecks-Geschiss und Grande Kacka, da ist nix zu machen!“

Oha! Einstimmig beschließen die drei, an diesem ultra-miesbeschissenen Tag kein gutes Haar zu lassen. Das hat der Tag sich einfach nicht verdient. Also darf auch noch geschimpft werden, dass sich die Balken biegen, und als Liesel und Lotti sich schließlich verabschieden, ist klar: Es darf auch so richtig dreckskackhuragranatenbeknacktdoofbeschissene Tage geben.

Clown: „Willst du auch 103 Jahre alt werden?" James, 68 Jahre: „Nein danke, das dauert mir zu lange."

Das Ulmer Münster steht Kopf

Die Clowns kennen James schon eine ganze Weile und sie lieben seinen amerikanischen Dialekt und seine direkte Art.

Heute sitzt er in seinem Rollstuhl im Gang und betrachtet gedankenverloren und melancholisch eine riesige Fotografie des Ulmer Münsters.

Die Clowns begrüßen ihn und Liesel erklärt Lotti, dass James dort im Ulmer Münster, in der Kirche mit dem höchsten Kirchturm der Welt, Mesner war.

Lotti wird hellhörig. Sie wendet sich verblüfft an James: „Heißt das, du hast das ganze Ulmer Münster ausgemessen?"

James guckt erstaunt und nickt dann.

Liesel weiß es noch genauer: „Er hat sogar jeden Tag gemessen, ob das Münster schon wieder ein bisschen gewachsen ist."

„Ja oder geschrumpft", mutmaßt Lotti.

Und dann erzählt James den beiden, wie wunderschön es ganz früh morgens innen im Kirchenschiff ist, wenn die Sonne durch die bunten Fenster scheint. Wehmütig denkt er an die Zeit zurück, als er einen Schlüssel für diesen besonderen Ort hatte, wird aber aus seinen Gedanken gerissen, weil Lotti ihm zu Ehren aus dem Stegreif eine Rede „von der Kanzel" hält, in der sie in hohen Tönen seine wunderbaren musikalischen Vorlieben lobt, vor allem, wenn er die Musik in seinem Zimmer so laut aufdreht, dass die ganze Station etwas davon hat.

Als Lotti ihre Rede beendet hat, fragt Liesel ihn, ob er denn sein geliebtes Münster schon einmal auf dem Kopf stehend gesehen habe.

„Ich kann doch keinen Kopfstand machen!", erwidert James, staunt aber nicht schlecht, als Liesel kurzerhand das riesige Münsterbild von der Wand nimmt und umgekehrt mit der Spitze nach unten wieder hinhängt. „Mal gucken, ob's einer merkt", zwinkert sie James zu, und er verspricht schmunzelnd, sie nicht zu verraten …

„Wenn man da nicht wegkommt,
bleibt man einfach da."
Günter, 69 Jahre

Der schiefe Baum

So ein Erstbesuch im Altersheim oder in einem Seniorenstift ist immer wieder aufregend, auch für die Clowns. Sie wissen nie, was sie erwartet, und es ist spannend, weil hinter jeder Tür wieder neue Lebensgeschichten zu entdecken sind.

So ist es nun auch im Zimmer von Hermine. Schon der Name ist einzigartig für eine alte Dame, noch nie zuvor haben Liesel und Lotti diesen wunderschönen Vornamen bei einer Bewohnerin gehört.

Liesel klopft vorsichtig an die Tür und sie betreten das Zimmer. Ziemlich schief sitzt Hermine in einem Rollstuhl am Fenster. Weiße Haare umschmeicheln ihre Schultern, ihr von Falten zart gezeichnetes Gesicht ist ganz weich und entspannt, da passt die schiefe Haltung überhaupt nicht ins Bild.

„Hallo, Sie wunderbare Frau, hier sind Lotti und Liesel, dürfen wir näher kommen?"

Ohne ihre Haltung zu verändern oder ihren Kopf zu drehen, sagt sie fröhlich und mit einer herzlichen Einladung in der Stimme: „Ja gern!"

Liesel geht zu ihr, neigt sich schiefer als sie, schaut noch „schieferer" aus dem Fenster und versucht, ihre Blickrichtung zu erraten. So sehen beide erst einmal wie selbstverständlich ganz still aus dem Fenster, bis Hermine sich langsam zu Liesel dreht, den Kopf schüttelt und sagt: „Sehen Sie, das ist voll blöd, dass der Baum da draußen so schief steht. Aber wenn ich so schräg sitze, ist er gerade."

Man muss sich nur zu helfen wissen!

Das Kennenlernen ist eine Wucht. Hermine mit ihren 105 Jahren ist fit wie ein Turnschuh und kann auch gerade sitzen. Ihrer Aussage nach ist an ihrem guten Zustand die Liebe ihres Mannes schuld. Sie lächelt aus tiefstem Herzen und sagt: „Er hat mich so alt geliebt."

Mit einem Liebeslied auf den Lippen verlassen Liesel und Lotti Hermines Zimmer, und ihr Herz ist wieder um eine bezaubernde alte Lady reicher.

Clown: „Was haben Sie denn gemacht, dass Sie so alt geworden sind?"
Frau Dörmann: „Nen guten Eindruck."

So ein Krach!

Frieda und Lotti haben heute sehr viel Energie! Der erste Besuch im Heim im neuen Jahr – wie sie sich freuen, alle wiederzusehen. Dementsprechend schwungvoll und laut geht es zu, als sie im Aufenthaltsraum mit einigen BewohnerInnen Neujahrsfeierlichkeiten begehen. Lotti zeigt einer Dame gerade, wie sie regelrecht ins neue Jahr gestolpert ist, während Frieda einen Schneewalzer auf ihrer Quetsche „Nanette" zum Besten gibt.

Plötzlich kommt weiter vorne im Gang wutschnaubend eine Dame aus ihrem Zimmer. Ihr Gesicht verheißt nichts Gutes, die Clowns fühlen sich ertappt und ahnen, dass ihre Anwesenheit Auslöser für die Laune von Frau Schmiedel sein könnte.

„Wa soll'n dr Lärm hier, des isch ja net auszomhalta!"

Frieda schaut Lotti an. Lotti schaut Frieda an. Dann tippelt Lotti vorsichtig und so leise wie möglich zu Frau Schmiedel hin. Frieda hinterher und flüstert Lotti zu, dass sie Frau Schmiedel zuflüstern soll, dass man ja auch ganz leise ins neue Jahr starten könne. Lotti nickt und flüstert dies Frau Schmiedel zu, deren Gesichtsausdruck von sehr wütend in Richtung Erstaunen geht.

Frieda flüstert Lotti zu, was sie der Frau Schmiedel im neuen Jahr wünscht, nämlich: viel Quatsch, viele Süßigkeiten und natürlich Küsse. Als Lotti dies ebenso leise an Frau Schmiedel weitergibt, hellt sich ihr Gesicht langsam auf. Des Weiteren wünschen die Clowns ihr Glückskekse, Limonade und Lacheritis und ein bisschen schrägen Gesang, vielleicht sogar einen Kurschatten.

Frau Schmiedel lehnt bei Letzterem lachend ab: „So en Kerl ka i nemme braucha!" Sie lässt sich bei den anderen Senioren auf einen Stuhl plumpsen. „Aber wa isch jetzt, spielat ihr no ebbes?"

Klar spielen die Clowns noch „ebbes", bevor sie dann in Richtung der anderen Zimmer tänzeln.

„Wenn ich euch sehe, brauche ich keine Medizin mehr."
Gerlinde, 91 Jahre

Oleska, das Lied und ein fehlendes Glasauge

Oleska ist ein besonderer Mensch. Sie wohnt auf der Schwerstbehinderten-Station, ist fast blind, schwerhörig und mehrfach behindert.

Wenn man sie zum ersten Mal sieht, kann es schon sein, dass man ein wenig erschrickt. Ein Auge ist aus Glas, das andere trüb. Der übermächtige Oberkörper sitzt auf verschwindend dünnen Beinen. Meistens liegt sie in ihrem Zimmer auf dem Sofa und ist komplett in ihrer eigenen Welt.

Anfangs wissen die Clowns Lulu und Mimi – in die sich Liesel und Lotti verwandeln, wenn sie mit Kindern oder in einem Behindertenheim arbeiten – nicht, wie es möglich sein soll, in ihre Welt einzutauchen oder wie überhaupt Kontakt entstehen könnte. Irgendwann erfahren sie dann, dass Oleska aus Russland kommt. Also zu allem auch noch eine sprachliche Barriere?

Vorsichtig tasten sie sich an Oleska heran und lassen vor allem diese immer wieder die Clowns ertasten. Irgendwann merken Lulu und Mimi, dass Oleska sehr wohl Freude haben kann, und zwar mit laut gesungenen und von Klatschen begleiteten russischen Liedern.

Ein Besuch ist dann ganz besonders: Lulu und Mimi haben Katjusha gelernt, ein altes russisches Lied. Rechts und links setzen sie sich zu Oleska aufs Sofa, nehmen ihre Hand und fangen an zu singen:

Rasvietali jabloni i grushi
Oleska hebt langsam den Kopf.
Paplili tumani nat rikoij
Oleskas Gesicht erhellt sich.
Vichadila na bierig Katusha
Gurgelnd kommt ein heiserer Ton aus Oleskas Kehle.
Na visoki bierig na krutoi
Ihre Lippen formen langsam die vertrauten russischen Wörter.
Vichadila na bierig Katusha
Ihre Stimme wird lauter und sicherer.
Na visoki bierig na krutoi. *

Lauthals schmettert sie mit den Clowns den Refrain. Und dann nochmal alles von vorn und mit Klatschen. Mimi und Lulu sind begeistert und feiern Oleska mit viel Applaus und Jubel und werden beinahe erdrückt von Oleskas Umarmungen.

Bei einem der nächsten Besuche ist ihr Glasauge verschwunden. Oleska ist verzweifelt und zeigt den Clowns immer wieder ihre leere Augenhöhle, begleitet von einem der wenigen deutschen Wörter, die sie kann: „Scheiße!"

„Scheiße!", stimmen Mimi und Lulu ihr lautstark bei und suchen überall nach dem Auge. Sie finden zerrupfte Stricksachen, einen Knopf, eine Schürze, Kuscheltiere, Puppen, aber das Auge ist und bleibt verschwunden.

„Scheiße, Scheiße!", brüllt Oleska jetzt und ist sichtlich aufgebracht.

Die Clowns ducken sich, weil sie inzwischen wissen, dass Oleska auch richtig wütend sein kann und dann schon auch mal Dinge durch die Gegend fliegen.

Da hat Lulu spontan eine Idee: Sie nimmt eine von Oleskas Babypuppen, gibt sie ihr in die Hand und führt die andere zum Puppenauge. „Hier ist ein Auge."

Oleska tastet vorsichtig über das kleine Puppengesicht, und ein leiser Gluckser entfährt ihr.

Dann verfällt sie in ein schallendes, erdbebenartiges und nicht zu bremsendes Lachen, in das Lulu und Mimi erleichtert einfallen.

*Übersetzung des Liedverses:

Leuchtend prangten ringsum Apfelblüten,
still vom Fluss zog Nebel noch ins Land;
durch die Wiesen kam hurtig Katjuscha
zu des Flusses steiler Uferwand.

Der Clown und der Tod

Natürlich stolpern wir Clowns regelmäßig über den Tod.

Sei es, dass wir uns von lieb gewonnenen Senioren und Seniorinnen für immer verabschieden oder dass wir schon lange vorher mit ihnen darüber sprechen.

Clowns gehen dabei relativ unbedarft an die Sache heran. Wenn jemand sagt, er habe keine Lust mehr zu leben, dann nimmt der Clown ihn ernst, überlegt gemeinsam, wie man das mit dem Ableben beschleunigen könnte, oder meldet denjenigen schon mal wahlweise im Himmel oder in der Hölle an. (Es kommt tatsächlich gar nicht so selten vor, dass Leute lieber „nach unten" möchten, in der Hoffnung, da sei mehr los.)

Die „Lebensmüden" sind oft sehr erleichtert, wenn man sie in ihrem Wunsch ernst nimmt, sie darüber sprechen können und sie nicht zu hören bekommen, dass sie doch noch ewig leben werden oder das ganze Thema nicht überhaupt ignoriert wird.

Auch bei Gesprächen über den Tod kann es manchmal leicht und lustig zugehen. Manchmal fließen auch Tränen, aber immer haben wir das Gefühl, dass es richtig und wichtig ist, sich damit auseinanderzusetzen.

Für uns Clowns ist es essenziell, dass wir uns auch mit unserer eigenen Sterblichkeit auseinandersetzen, werden wir doch tagtäglich mit dem Tod konfrontiert. In den meisten Clown-Ausbildungen gibt es dazu eine intensive Workshop-Woche, was gut und sinnvoll ist und einen für das ganze Leben verändern kann. Ich lernte dort, genau wie in der Sterbebegleiter-Ausbildung im Hospiz, sehr viel über das Leben.

Einmal durften wir sogar schon als Clowns eine Beerdigung begleiten.

Die Dame, die verstorben war, besuchten wir bestimmt schon seit drei Jahren regelmäßig und hatten große Freude mit ihr. Auch ihr Sohn war immer wieder bei unseren Zusammenkünften dabei und feierte, sang oder quatschte mit uns Clowns und seiner Mama, die aus Dresden stammte.

Als sie dann mit 96 Jahren starb, war es ihm ein Anliegen, dass wir auch den letzten Weg seiner Mama begleiten.

Da es für uns das allererste Mal als Clowns auf einer Beerdigung war, hatten wir schon ein wenig ein mulmiges Gefühl – wie würde der Rest der Verwandtschaft auf uns reagieren?

Aber wir wurden sehr herzlich bei der Trauerfeier integriert und durften der Familie unsere Geschichten, die wir mit ihr erlebt hatten, erzählen. Dadurch wurde neben all dem Schmerz auch viel geschmunzelt und dem Ganzen ein wenig die Schwere genommen.

Da Liesel ursprünglich ja aus Thüringen kommt und der Dialekt dem der liebenswerten Dresdnerin ähnelt, brachte sie, als die Urne heruntergelassen war und die Tränen flossen, die gesamte Verwandtschaft zum Lachen. Mit der Stimme der Verstorbenen sagte sie, genauso wie diese es in so einem Augenblick gemacht hätte: „Sö, nu is aber jut mit dem Gehäule – isch hab hunger, jetzt geh mer was essä ..."

Immer wieder bewundere ich Menschen in den Heimen und im Hospiz, wenn sie den nahenden Tod einfach annehmen können, sich nicht fürchten, sondern dem, was da kommt, gelassen und manchmal sogar mit einer gewissen Neugier entgegenblicken. Ein gewitzter älterer Herr erzählte uns fröhlich, er wolle beim Sterben schon dabei sein und nicht einfach schlafen.

Manches Mal wird das Sterben sogar regelrecht herbeigesehnt, wie kürzlich bei einer Dame, die einfach keine Lust mehr auf ihre ganzen Gebrechen hatte, sich ins Bett legte und verkündete, es sei jetzt einfach genug.

An dieser Stelle bietet es sich an, von unserem Doktor zu erzählen, der uns mit seinem selbstbestimmten Sterben zutiefst beeindruckt hat.

*„Ich bin jetzt kein Macher mehr,
jetzt lass ich andere machen."*
Dr. Wilmer, 98 Jahre

Die Selbstverständlichkeit zu sterben

Ein weißes Baumwollnachthemd, das Licht in den weißen Haaren und ein sanftes Lächeln ohne Zähne. Bis vor ein paar Tagen hätte uns der Doktor niemals so intim empfangen und es war uns eine ganz große Ehre, seiner Einladung zu folgen.

Am Tage zuvor hatten wir die Nachricht erhalten, dass der Doktor das Sterbefasten begonnen hat. Unsere Verbindung zu ihm war etwas ganz Besonderes, er war während der letzten zwei Jahre so etwas wie ein Mentor für uns gewesen.

Alles hatte damals auf seinem Balkon mit den Worten begonnen: „Jetzt musste ich 96 Jahre alt werden, um hier in der Sonne zu sitzen und mit zwei Clowns zu philosophieren."

Wir waren unsagbar dankbar, dass er seine Entscheidung so selbstverständlich hatte treffen dürfen und man ihm seine Würde, welche für ihn so wichtig war, nicht genommen hatte.

Als wir das Zimmer betraten, um uns von dem Doktor zu verabschieden, mussten wir wirklich tief durchatmen – Gefühle von Trauer, Nicht-wahrhaben-Wollen und Demut schnürten uns die

Kehle zu. Wir wollten auf gar keinen Fall vor ihm weinen, hallo – wir sind Clowns!

Aber … auch ein Clown darf weinen.

Ein Bild von Liebe und Stärke überwältigte uns. Auf dem Nachttisch stand ein unberührtes Glas Wasser, was gleich deutlich zeigte, dass es ihm ernst war.

Er hatte uns gegenüber mal erwähnt, wie wichtig es für ihn sei, drei Dinge im Alter zu können: allein essen, allein duschen und allein die Toilette aufsuchen, und wenn eines davon nicht mehr ginge, dann ginge auch er.

Es stellte sich also nicht mehr die Frage, warum er mit 98 Jahren nun gehen wollte. Er hatte schon längst mit dem Tod Frieden geschlossen – und auch mit seinem ganzen langen Leben.

„Das Pendel schwingt nun in eine andere Richtung."

Er lächelte uns engelsgleich an bei diesen Worten. Er schenkte uns Trost, obwohl wir doch noch ganz gefasst und aufrecht vor ihm standen. (Dachten wir zumindest.)

Beide hatten wir ihm Abschiedsbriefe geschrieben. Sein Sohn, der auch im Zimmer war, und auch er gestatteten uns, sie vorzulesen. Es fiel uns beiden sichtlich schwer, die Fassung zu behalten, und bei unseren geschriebenen Worten wurde uns selbst noch einmal bewusst, wer dieser Mann für uns war.

Nie wieder werden wir an einem Ginkgo-Baum oder -Blatt vorbeigehen können, ohne nur einen Gedanken an den Doktor zu haben, nachdem wir einst ausführlich mit ihm darüber philosophiert hatten, dass ein Ginkgo-Blatt wie zwei Blätter aussieht, aber es doch nur eines ist, und wie man das auf die Menschheit übertragen kann. Nie wieder werden wir nicht nach tieferen Sinnen suchen. Nie wieder werden wir nicht in der Lage sein, zu verzeihen und zu verstehen.

Vater und Sohn waren von unseren Worten sichtlich berührt und natürlich liefen Tränen aus unseren Augen und aus unseren Herzen.

Aber alles fühlte sich unglaublich friedlich an.

Der Doktor lächelte und äußerte charmant: „Vor 40 Jahren wären Sie eine gute Adresse gewesen! Nun ist es zu spät."

Wir bedankten uns für die wundervolle Zeit mit ihm, für seine Weisheit, Offenheit und Ehrlichkeit dem Leben und uns gegenüber. Die Antwort von ihm, ausgesprochen mit einem unvergesslichen Lächeln, kam prompt: „Ich bekomme 50 Euro pro Beratungsstunde." Wir konnten alle so herzlich miteinander lachen. Danke, Doktor, plötzlich waren Sie der Clown.

Natürlich gab es auch zum Schluss noch etwas Tiefes und Poetisches für uns auf den Weg, er wäre nicht der Doktor gewesen, wenn er nicht noch eine schlaue Weisheit für uns gehabt hätte.

„Das weiße Blatt Papier!

Es wäre eine Anmaßung, alle Papiere zu füllen! Das eine Blatt bleibt hier und leer und wird von jemandem anderen geschrieben.

So wie das Blatt, fällt nun auch meine Hand, ich kann sie nicht halten, sie wird fallen, so wie das Blatt."

Ohne weitere Worte verabschiedeten wir uns vom Sohn und dem Doktor mit einer unglaublichen tiefen Dankbarkeit, ihn kennengelernt haben zu dürfen. Niemals werden wir diese Begegnung mit dem „Dok" und dem Tod vergessen.

Zwei Tage nach unserem Besuch ist der Doktor friedlich und so, wie er sich das immer gewünscht hat, selbstverständlich eingeschlafen. Alle konnten ihn gehen lassen mit einem von ihm geschenkten Lächeln im Gesicht.

Nicht zwei – eins … wie das Ginkgo-Blatt.

Danke, Doktor!

„Heimliche Heimlichkeiten sind auch vonnöten."
Inge, 85 Jahre

Der himmlische Immobilienmarkt

Es ist nun schon ein halbes Jahr vergangen, wobei es sich anfühlt, als hätte Corona die Monate verschluckt. Seit zwei Wochen dürfen Lotti und Liesel die BewohnerInnen einer beschützenden Abteilung wieder besuchen. Lotti und Liesel schweben schon fast vor Glück durch die Station. Auch wenn sie Abstand halten müssen, ist es doch eine intimere Begegnung als im Hof, am Fenster oder vor dem Balkon.

Die wochenlange Isolation der BewohnerInnen zeichnet sich in so manchem Gesicht ab, und die Freude und Dankbarkeit, die Clowns zu sehen, ist überwältigend. Bei manchen BewohnerInnen scheint es, als wären Lotti und Liesel erst gestern da gewesen, denn sie werden sofort erkannt und freudig empfangen, bei anderen sieht man an ihren Blicken, dass sie noch in der Erinnerung suchen müssen.

Und dann ist da auch noch eine Baustelle auf der Station. Also nicht nur, dass die BewohnerInnen in alle möglichen Zimmer umverteilt wurden, um den Abstand wegen Corona zu wahren, nein, überall hängen auch noch Malerfolie und Kreppband herum.

Liesels und Lottis Vorhaben jedoch steht dies nicht im Weg. Sie stolpern clownesk in den Aufenthaltsraum und strahlen erst einmal alle an.

„Ja, wo wart ihr denn so lang?"

„Ihr seid wieder da."

„Da sind sie wieder."

Aus jeder Ecke werden sie freudig begrüßt. Sie führen ihren Corona-Begrüßungstanz auf und können das erste Lächeln einfangen und großzügig wieder zurückgeben.

Lotti beugt sich liebevoll zu der bezaubernden englischen Dame hinunter und summt ihr Lieblingslied. Liesel tänzelt um den Tisch bis zur ältesten Dame im Raum. 99 Jahre ist sie alt und das liebenswerteste Geschöpf unter der Sonne. Sonst winkt ihre Hand wie die einer Königin und ihr verschmitztes Lächeln erinnert an ein kleines Mädchen, das etwas ausheckt. Doch heute ist ihr Blick verwirrt, sie hat die Clowns noch gar nicht bemerkt. Liesel setzt sich auf die Fensterbank, sodass sie auf Augenhöhe mit ihr ist, und da sieht sie auch schon das Dilemma. Ein Stück Kuchen – oh je, der staubt sicher beim Kauen –, das von drei Tassen mit unterschiedlichem Inhalt umsäumt ist, steht vor ihr auf dem Tisch. Völlige Überforderung und Ratlosigkeit sind der alten Dame ins Gesicht geschrieben. Sie hebt ihren Kopf, sieht Liesel an und schnaubt: „Ich bin des Lebens so müde."

„Ach Helenchen!", schnaubt diese zurück und greift nach der Filzblume, die an ihrem Kostüm baumelt und ihr in solchen Notfällen als Telefon mit direkter Verbindung zu Gott dient.

Es klingelt auch gleich und der liebe Herrgott nimmt ab, doch schon seine genervte Stimme macht Liesel klar, dass er immer noch auf dem Pott sitzt und auf Klopapier wartet, was sie Helenchen auch gleich mitteilt.

Nachdem er seinem Ärger über die Menschheit und das Horten von Klopapier Luft gemacht hat, fragt Liesel ihn ganz vorsichtig nach einer Wolke fürs Helenchen.

Hui, da ist er auch nicht gut drauf zu sprechen … Liesel legt auf und erklärt Helenchen mit ruhiger Clown-Stimme: „Also, Schatz, das ist jetzt echt blöd, aber der Immobilienmarkt im Himmel sieht gerade ganz schlecht aus. Keine einzige Wolke ist frei, nicht mal einen Stuhl kann er dir anbieten."

Helenchen schaut Liesel an und fängt aus vollem Herzen an zu lachen, sodass fast alle am Tisch nur mitlachen können.

Sie strahlt und sagt wie selbstverständlich: „Na, dann bleib ich halt noch ein bisschen."

Nun lachen wirklich alle und singen voller Gefühl: „Wir werden hundert Jahre alt, darauf da könnt ihr trauen …"

Ausflug nach Berlin

Als Frau Schmitzke noch lebte durften die Clowns einmal in der Woche nach Berlin reisen. Und das kam so:
Die betagte Dame hatte sich im Süden Deutschlands nie wirklich eingelebt. Ihr Herzblut hing an Berlin, wo sie aufgewachsen war. So war ihr Zimmer geschmückt mit Fotografien aus ihrer Heimatstadt, und der Berliner Rundfunk lief rund um die Uhr.
Es wurden dann mit den Clowns die ganzen Begebenheiten von damals in Berlin besprochen und glücklich strahlte sie, wenn dann gegen Ende ihres Besuchs erklang:
„Das ist die Berliner Luft, Luft, Luft."

„Also so gar keine Krankheit
ist auch nicht gesund."
Frau Oßwald, 83 Jahre

Ein Zimmer voller Liebe

Erinnerungen zeigen uns die Verwundungen, die Geschehnisse und das Erlebte in unserem Dasein.

Es ist nicht nur ein kleines Wunder, wie man mit ein, zwei Tönen aus dem Akkordeon Emotionen erwachen lässt, die teilweise schon 50, 60 Jahre zurückliegen. Dies kann ein Leuchten in den Augen oder auch eine sich lösende Träne sein.

Es sind häufig intime und berührende Situationen, in denen die Clowns nicht weiter fragen. So auch bei diesem Besuch im Heim. Sie kommen schon seit einiger Zeit in die Station 2a mit ihren an Demenz erkrankten BewohnerInnen.

Nach ihrem Spiel im Aufenthaltsbereich machen sie sich beschwingt auf den Weg in die Zimmer, wo sie BewohnerInnen im Einzelkontakt besuchen.

Vor einem Zimmer fängt die Pflegerin sie ab und sagt, dass der Sohn gerade zu Besuch sei und sein Vater im Sterben liege. Ohne jegliches Zögern folgen sie ihrem Instinkt und bitten sie, zu fragen, ob sie hineingehen dürfen.

Der Sohn willigt sofort ein, und sie betreten ein Zimmer voller Ruhe und Frieden.

Am Bett des Vaters steht sein Sohn voller Dankbarkeit und Liebe. Es bedarf keiner Worte, um diese Emotionen zu spüren. Liesel und Lotti treten vorsichtig und still ans Bett und lächeln Vater und Sohn an. Die Atmung des Vaters geht schon sehr schwer, aber er scheint bereit für den Tod.

Lotti zeigt auf ihr Akkordeon und der Sohn nickt dankbar. Eine sachte und leise Melodie füllt den Raum und erreicht auch die Herzen. Der Vater hält die Hand seines Sohnes wie einen wertvollen Schatz, seine Atmung wird ruhiger und das Gesicht weicher. Er sinkt noch tiefer in sein Bett hinein und zwei große unsichtbare Flügel umarmen die beiden. Lotti lässt die Melodie langsam verklingen und dann gehen die Clowns behutsam mit einem Lächeln zur Tür hinaus.

Ein Zimmer voller Liebe und Frieden, Dankbarkeit und Demut, aber keinerlei Schmerz.

Die Clowns sind unendlich dankbar für dieses Vertrauen und diesen unvergesslichen Moment.

Herr Fey (beim ersten Zusammentreffen mit den Clowns): „Kannst du mir einen Zettel schreiben, wo draufsteht, dass ich nach Hause darf? Dann hab ich ein Alibi."

Himmel oder Hölle

Wie an jedem zweiten Donnerstag im Monat treten Liesel und Lotti aus dem Aufzug in den zweiten Stock der Demenzstation.

Die BewohnerInnen sitzen an den Tischen, liegen in ihren Sesseln oder gehen langsam mit ihren Rollatoren durch den Gang.

Einige von ihnen nehmen die Clowns gleich wahr, und ihre Gesichter sind weich und freundlich.

Aber etwas ist anders, anders als sonst.

Da kommt kein: „Hallo Mädels, schön, dass ihr da seid!" oder „Jaaaa, schön, dass ihr kommt."

Liesel schaut sich um, sucht mit ihren neugierigen Clownsaugen nach der Person, deren Stimme nicht ertönt.

Halleluja, da ist sie, aber sofort wird klar, hier stimmt was nicht, das Gesicht von Hannah ist grau, ihre Augen schauen stumm auf ihren Schoß, keine Reaktion auf das „Hallo!" der Clowns.

Liesel trappelt auf Hannah zu und ruft schon auf dem Weg: „Hallo, mein Schatz, in welchem Traum bist du denn?"

Diese schaut langsam nach oben, es kommt ein gut erzogenes Lächeln, woran Liesel gleich erkennt, dass ihr sonst so offenes Herz verschlossen ist.

Ihre Augen schauen Liesel wie durch einen Schleier an, aber sie sagt mit fester Stimme: „Liesel, mir reicht's, ich mag nicht mehr, ich will sterben."

Liesel stockt fast der Atem, bei so manchem hier im Raum kann man so etwas erwarten, aber doch nicht bei Hannah.

Okay, Hannah ist 96 Jahre alt, aber normalerweise sprüht sie vor Lebensfreude und sorgt für gute Stimmung auf der ganzen Station.

Hier nun ist der Moment, wo ein Clown den Ernst der Situation aufnimmt.

Liesel schaut Hannah tief in die Augen und sagt: „Gut, ich verstehe, na dann erst mal die wichtigste Frage aller Fragen: Magst du hoch oder runter?"

Ohne groß zu überlegen, sagt Hannah: „Runter natürlich, da ist mehr los."

„Alles gut, Hannah, das bekomme ich hin." Liesel setzt sich ihr gegenüber auf den Tisch, zieht ihren Holzpantoffel aus, der nun als übernatürliches Telefon dient, und wählt darauf die Nummer von Luzifer.

Es klingelt, und er lässt nicht lange auf sich warten. Doch was er Liesel auf ihre Anfrage, ob man Hannah für die nächsten Tage anmelden könne, antwortet, ist nicht so vielversprechend.

Liesel bedankt sich verwirrt, aber freundlich und bittet um Rückruf, sobald sich die Lage verändert habe.

Sie nimmt Hannahs Hände, schaut genauso komisch wie sie und sagt: „Hannah, du musst jetzt ganz stark sein: Der Putin hat sogar in der Hölle das Gas abgedreht, da unten ist es arschkalt."

Hannah hebt kurz die Schultern und die Augenbrauen, zwinkert und sagt: „Na jut, dann bleib ich halt noch ein bisschen, frieren will ich nicht."

Zwei Wochen später verlässt Hannah unsere Welt, und Liesel und Lotti hoffen sehr, dass sie da unten nicht friert.

Bachtalia

Immer wieder kam dieses wundersame Wort über ihre Lippen: „Bachtalia".
Dabei wurde der Gesichtsausdruck von Frau Kaiser weich und die Schmerzen schienen wie weggeblasen. Einmal sangen die Clowns sanft ein ganzes Bachtalia-Lied, ohne zu wissen, was dieses Wort bedeutet. Aber da es was ganz Wundervolles sein musste, ein schöner Ort vielleicht, zu dem sie sich hinsehnte, wurde Bachtalia dann für die Clowns zum geflügelten Wort.

Frau Regert auf die Frage,
wie alt sie sei:
„Ich bin ungefähr mindestens
22 Jahre alt."

Aber Heidschi Bumbeidschi

Vorsichtig klopfen sie an der Tür und betreten das Zimmer von Herrn Felsig. Die Pflegerin hat sie kurz vorher, auf Wunsch von Herrn Felsig selbst, gebeten, unbedingt zu ihm reinzukommen.

Sie sind auf alles vorbereitet, denn schon seit einigen Wochen geht es Herrn Felsig schlechter. Das Morphium gegen seine Schmerzen hat ihm kaum noch Linderung verschafft, und doch sitzt er immer tapfer mit einem Lächeln auf den Lippen in seinem Rollstuhl am Tisch und freut sich jede Woche, sie zu sehen. Zusammen lösen sie die hochkompliziertesten Kreuzworträtsel und Quizfragen, die sich ein Clown nur vorstellen kann. Natürlich haben sie gegen ihn keine Chance.

Eine andere große Leidenschaft von ihm ist das Singen von Wanderliedern – jede Woche bringen sie ein neues mit.

Das Lachen fällt ihm immer schwerer, da seine Schmerzen unerträglich sind. Es ist teilweise unglaublich, dass er sich über ihre Besuche noch so freuen kann, und wie er versucht, trotz allem vor ihnen die Haltung zu bewahren. Einmal vertraute er ihnen dann auch ein Geheimnis an. Sein eigentliches und ihm am Herzen liegendes Lieblingslied war Heidschi Bumbeidschi: „Aber psssssstttt … das darf keiner wissen."

Doch diesmal ist alles anders. Es kommt kein „Ja bitte" oder „Kommt rein", als sie klopfen, es ist still … ganz still.

Der Stuhl am Tisch ist leer, um die Ecke hören sie nur ein ganz leises Atmen.

Herr Felsig liegt im Bett mit gefalteten Händen auf der Brust. Sein Gesicht ist schmächtig, aber weich. Sie treten an ihn heran und begrüßen ihn sehr leise: „Hallo Herr Felsig – wir sind es, Polly und Liesel."

Seine leicht geöffneten Augen werden größer und ein behutsames Lächeln zeichnet sich auf seinem Gesicht ab. Sie spüren, dass dies ein Abschied werden wird.

Sie stehen links und rechts von seinem Bett und nehmen instinktiv beide jeweils eine Hand und halten sie vorsichtig fest.

Mit schwacher Stimme sagt er, dass er sehr müde sei und dass es ihm leidtue, sie so zu empfangen. Sie bedanken sich förmlich für seine unglaubliche Würde, welche er im Liegen ausstrahlt, und geben ihm clownesk die Erlaubnis, bitte liegen zu bleiben und auch ruhig zu schlafen, sie solle das ja nicht stören.

Dies ist der richtige Moment, sein Geheimnis erklingen zu lassen. Ihre Hände liegen immer noch in den seinen und so stimmen sie leise an:

„Heidschi Bumbeidschi ..."

Ein wunderschönes, dankbares Lächeln von Herrn Felsig berührt ihr Herz. Er sinkt zufrieden und glücklich zurück, und sein ganzer Körper entspannt sich. Fast wie ein Baby im Arm seiner Mutter … er singt sogar ganz, ganz leise mit.

Das Lied ist zu Ende und er bittet sie, es noch einmal zu singen.

Ihre Stimmen werden leiser und sein Atem wird immer ruhiger, bis er mit geschlossenen Augen ein letztes Mal sagt: „Einmal noch … Heidschi Bumbeidschi!"

In dieser Nacht verlässt Herr Felsig diese Welt, aber sie werden sein letztes wundervolles Lächeln nie vergessen.

Traumboot der Liebe

Gustav mit seinem sonnengelben Hemd. Ihn werden die Clowns so schnell nicht vergessen. Als er 98 Jahre alt wurde, beschlossen sie, zusammen ab nun vierteljährlich mit ihm Geburtstag zu feiern, man konnte ja nie wissen …
Gesagt getan. Und das war gut so, denn die 99 hat er nicht mehr geschafft. Dafür haben sie aber 98 ½ noch wunderbar mit dem „Traumboot der Liebe“ gefeiert.

Berta: „Ich habe noch viel vor!“
Clown: „Was denn?“
Berta: „Sterben …“

Karla denkt ans Sterben

Wenn ich etwas über Karla erzählen soll, dürfen wir erst einmal eintauchen in eine Welt, in der man Märchengestalten sieht. Vielleicht in einen Wald, in dem alte weiße Feen leben, weil sie genauso aussieht.

Karla ist 94 Jahre alt. Wenn sie Schneewittchen wäre, würde man sagen: Ihre Haut ist so weiß wie Schnee, ihre Lippen so rot wie Blut und ihre Haare, ja genau hier müssen wir eine Änderung vornehmen, ihre Haare sind weiß und lang und erinnern an eine Welle im Meer.

Unser erstes Zusammentreffen war unglaublich.

Sie lief im Gang auf uns zu, strahlte uns an, als wäre es das Normalste der Welt, dass ihr zwei Clowns begegnen, und schloss uns sofort in die Arme.

Wir stellten uns vor: „Hallo, ich bin Liesel Soda, ich bin einfach nur so da.“

Auch Lotti stellte sich vor.

Ihr Strahlen wurde noch intensiver, und sie sagte mit einem breiten Lächeln: „Ha, und ich bin Karla.“

Es dauerte keine Sekunde und wir hatten Karla in unser Herz geschlossen. Bei jedem Besuch gab es nur wunderschöne Dinge auszutauschen, immer strahlte sie, immer war sie positiv, immer freute sie sich, uns zu sehen. Sie hat es sich auch niemals nehmen lassen, uns zu herzen, uns zu drücken und Danke zu sagen. Diese Begegnungen waren einfach auch für uns ein riesiges Geschenk.

Doch bei einem unserer Besuche sollte es anders kommen.

Ich betrat den Bereich der Cafeteria, und Karla saß am Tisch beim Fenster, ganz allein, und schaute traurig hinaus, so wie ich es bei ihr noch nie gesehen hatte.

Ich begrüßte sie herzlich und fragte, ob ich mich zu ihr setzen dürfe, denn gleich war klar, hier musste ich ganz ruhig und behutsam vorgehen. Wir saßen erst mal ein paar Minuten nur da, und ich schaute so wie sie auch aus dem Fenster: einfach nur da sein, ihr das Gefühl geben nicht allein zu sein …

Schließlich nahm ich ihre Hände und fragte leise: „Na, Karla, was ist los?“

Sie schaute mich an.

Ich sah, dass der Glanz ihrer Augen fast verschwunden war. Sie sagte ganz bewusst und ernsthaft: „Liesel, ich denke ans Sterben.“

Eine kurze Pause trat ein, und ich schaute sie an, um sicher zu gehen, wie ernst es ihr war – es war ihr sehr ernst!

Da musste nun doch der Clown Liesel das Ruder übernehmen: Ich ging zu meinem Koffer, nahm ein Blatt Papier und einen Stift heraus, setzte mich wieder zu Karla und legte den Zettel wie ein äußerst wichtiges Dokument auf den Tisch.

Natürlich musste das Blatt mehrfach korrigiert werden, damit es auch wirklich gerade, ordentlich und angemessen auf dem Tisch lag. Ich strich es nochmals gerade und legte den Stift parallel und auch kerzengerade neben das Blatt.

Mein Blick richtete sich wieder auf Karla, und ich sagte mit clownesk-ernster Miene: „Gut, dann schreiben wir jetzt hier einmal ganz konkret auf, was es für Sterbemöglichkeiten gibt."

Karla schaute mich an, nickte und freute sich sehr darüber, dass wir jetzt Nägel mit Köpfen machten. Sie legte los:

- nichts mehr essen
- aufs Dach klettern – sie schaute mich an – „Und du schubst mich dann runter!",
- Pulsadern aufschneiden.

Sie grinste, hielt ihre Hand vor den Mund und flüsterte leise: „Beim Orgasmus – das wäre der tollste Tod."

Das korrigierte sie aber gleich wieder, als ihr Blick zum anderen Tisch rüber ging, wo Herbert, ein Mitbewohner, saß. Sie schüttelte den Kopf und sagte: „Oh je, wer weiß, ob der das noch schafft."

Der letzte Vorschlag: im Bett liegen, Klappe halten und sanft einschlafen.

Ich schrieb alles auf, was sie mir diktierte. Dann las ich ihr die Punkte noch mal vor, und dabei stellten wir fest, dass das doch alles noch nicht so gut war. Dass es da ein paar Dinge gab, die eine Sauerei machen würden, und dass das ein oder andere vielleicht doch noch nicht an der Zeit wäre.

Wir gaben diesen Gedanken ein bisschen Raum.

Dann sah ich, wie sie mit den Schultern zuckte, und sie sagte: „Ach, weißt du Liesel, das lassen wir mal schön sein." Ich stand auf, nahm sie in den Arm, drückte sie ganz fest und freute mich, dass ich sie wieder besuchen durfte, und sie war ganz dankbar, dass ich sie so ernst genommen hatte.

Als ich ging, winkte und lächelte sie mir aus vollem Herzen zu.

Es ist immer wieder schön, sie zu sehen, und wer weiß, was wir noch alles miteinander aushecken werden.

„Wenn meine Urne dann mal zerbröselt ist, möchte ich ein Birnbaum werden, der dann auf meinem Grab wächst."
Hannah, nachdem die Clowns ihr ausführlich „Herr von Ribbeck auf Ribbeck im Havelland" vorgetragen haben.

Von Bienen, Blumen und letzten Wünschen

Liesel und Lotti dürfen heute ins Hospiz. Das ist ein besonderer Tag, weil sie sich das schon sehr lang gewünscht haben.

Sie läuten aufgeregt und fröhlich an der Tür, und eine sehr nette Reinigungskraft öffnet ihnen mit neugierigem Blick.

Dass Clowns in Hospize gehen, mutet erst einmal befremdlich an, ist es aber beileibe nicht.

Die Chefin der Einrichtung wartet schon und empfängt die beiden mit Kaffee und Leckereien. Es gibt eine kleine Übergabe, in der sie von den aktuellen „Gästen" erzählt und bei welchen die Clowns doch mal reinschauen könnten.

Das erste Zimmer wird von einem Ehepaar bewohnt. Er hat eine Krankheit, bei der er sich immer weniger bewegen kann, irgendwann dann auch nicht mehr atmen. Sie ist mit eingezogen, um ihn auf seiner letzten Reise zu begleiten. Es funkt sofort zwischen den Vieren, nicht zuletzt, weil Liesel aus derselben Gegend wie die beiden kommt und perfekt mit ihnen Dialekt reden kann. Lotti ist als „Reingeschmeckte“ geduldet und fragt neugierig nach dem Essen, das es in dieser Region gibt – welches natürlich das Beste der Welt ist.

Es gibt viel Gelächter, und die Zeit vergeht wie im Flug. Die Clowns verabschieden sich in der Hoffnung, dass sie die beiden wiedersehen werden, was tatsächlich dann auch noch einmal passiert.

Ein Zimmer weiter sitzt Georg. Er ist erst ein wenig zurückhaltend und wortkarg, als die Clowns vor ihm stehen. Schnell aber findet sich ein Thema, bei welchem seine Augen leuchten: die Kastelruther Spatzen. Wie oft hat er sie schon live gesehen. Wie das klingt, wenn sie draußen vor der Naturkulisse singen. Gänsehaut.

Beim nächsten Besuch bringt Liesel Lieblingslieder der Spatzen mit und dann wird in dem kleinen Zimmer getanzt. Als Lotti vorschlägt, ihm draußen vor das Fenster ein Pferd zu stellen, das wie in dem Lied „Benny, mein schweigender Freund“ einfach zuhört und mit dem man sogar türmen könnte, winkt Georg ab. Er sei sowieso nicht mehr lange da.

Im nächsten Zimmer lernen die Clowns einen Bienenmann kennen. Was für ein liebenswerter Mensch dieser Imker doch ist. Er strahlt wie ein junger Mann, als er von seinen Bienenvölkern erzählt und sie rechnen aus, wie oft eine Biene in ihrem Leben um die Welt fliegen könnte.

Beim nächsten Besuch haben die Clowns eine Bienenwachskerze dabei. Der Bienenmann erklärt ihnen, dass es bedauerlicherweise aus Brandschutzgründen nicht gestattet ist, echte Kerzen anzuzünden.

Liesel, die Herausforderungen liebt, geht aus dem Zimmer mit den Worten: „Ich regel das."

Lotti und der Bienenmann reden über Sinn und Unsinn von Sicherheitsbestimmungen, und ob es manchmal nicht besser wäre, unsicherer, aber glücklicher zu leben. Dann kommt Liesel freudestrahlend mit einer Schüssel Wasser und einem Feuerzeug wieder. Die Kerze wird nun ins Wasser gestellt und darf angezündet werden – was für eine Freude!

Freude begegnet den beiden auch später, als sie das Zimmer von Marie betreten. Im Zimmer duftet es nach ätherischen Ölen und Marie thront sehr zufrieden und wohlwissend um ihre letzten Stunden, die geschlagen haben, in ihrem Bett. Überall stehen Blumen. Liesel und Lotti sind baff: Man kann also auch im Angesicht des Todes noch so glücklich sein.

Sie fragen Marie, ob sie noch so etwas wie einen Wunsch verspüre (da sie leidenschaftlich gerne Wünsche erfüllen) oder irgendetwas noch unbedingt machen wolle.

Es kommt ein leises Glucksen aus dem Bett: „Ich hätte mal gerne noch ausprobiert, wie es ist, einen Joint zu rauchen."

Die Clowns sind erstaunt. Sie hätten von dieser feinen Dame alles erwartet, nur das nicht. Aber klar wollen sie ihr diesen Wunsch erfüllen, und bis zum nächsten Besuch die erforderlichen Utensilien besorgen.

Marie winkt jedoch lachend und schon ein bisschen müde ab. „Doch lieber nicht … jetzt nicht mehr."

Beim nächsten Besuch schläft sie wie Dornröschen, und die Clowns lassen nur einen frischen Fliederstrauch und einen liebevollen Luftkuss da.

„Wenn man mir heut Nacht sagt,
Sie sterben,
dann sage ich: ja wunderbar."
Herr Loev, 96 Jahre

Auf dem Sterbebett gedichtet

Es war so weit, Jolanda machte sich auf den Weg.

Ein langes Leben liegt hinter ihr, vertrieben und geflüchtet aus der schlesischen Heimat. Mutter von vier Söhnen, und mit Liebe und Leidenschaft Erzieherin im Kindergarten.

Seit drei Jahren besuchten Liesel und Lotti Jolanda regelmäßig und sie teilte viele Geschichten mit ihnen. Am allerschönsten war ihre unfassbare Art, sie poetisch und in Reimen zu erzählen.

Alle Besuche waren ein wahres Gedicht.

Als sie an diesem Tag in den Wohnbereich kommen, treffen die Clowns eine Pflegerin, die sie vor dem Zimmer von Jolanda abfängt und ihnen sagt, dass sie schon sehr schwach sei und sie bitte ganz leise sein sollten.

Die Clowns kennen solche Situationen schon und geben ihr zu verstehen, dass sie ganz behutsam und ruhig ins Zimmer gehen.

Lotti klopft ganz sachte an die Tür und sie schleichen auf Zehenspitzen vorsichtig hintereinander ins Zimmer … psssst!

Sie strecken ihre Köpfe um die Ecke, in der Jolandas Bett steht, und schwupps, als sie die Clowns sieht, streckt sie die Arme hoch, setzt sich auf und ruft freudestrahlend: „Ja, endlich seid ihr da."

Die Pflegerin, die ihnen neugierig gefolgt ist, traut ihren Augen nicht, als sie sieht, wie diese kleine, zierliche, ja fast schon zerbrechliche Frau auf einmal mit so viel Freude und Kraft aufrecht im Bett sitzt.

Jolanda hat auf Liesel und Lotti gewartet, gewartet auf ein letztes Gedicht und darauf, noch einmal richtig Blödsinn zu machen.

„Der Weg zum Himmel sollte es sein – oh ja, das wird fein."

„Na, Jolanda, machst du dich auf den Weg?"

„Ja, ich seh schon den Steg, hoffentlich steht mir keiner im Weg."

„Wir haben dir schon eine Wolke gebucht."

„Ja, wunderbar, ich hatte schon gesucht."

„Momentan ist der Himmel aber ganz schön voll."

„Ach egal, dass wird bestimmt trotzdem toll."

„Da sind wir sicher, die warten ja schon alle auf dich."

„Ja, ja, ich weiß, und sitzen alle schon am Tisch und essen Fisch, aber bitte ohne mich, ich mag keinen Fisch."

„Du willst bestimmt lieber mit allen reimen und singen?"

„Aber na klar, bis die Himmelsglocken klingen."

Die Clowns stimmen ein Halleluja an und Jolanda lässt sich sanft in die Kissen sinken. Sie singt noch leise mit und die beiden streicheln zart ihre Hände und ihr liebevolles Gesicht. Sie schließt mit einem dankbaren Lächeln ihre Augen und für Liesel und Lotti heißt es Abschied nehmen.

In der Nacht schläft Jolanda friedlich ein und macht sich auf die Reise zu ihrem geliebten Papa.

Danke für deinen letzten Reim.

Ach, hätte ich doch nur!

Morgen ist morgen schon gestern
Aufwachen und wissen
Heute könnte ich ohne Bedauern sterben
Das Erlebte war so wunderbar
Viele Träume und Wünsche wurden wahr
Schreiben wir unseren Schluss zuerst

Gestern hatte ich noch Sorgen
Morgen erledige ich den Rest
Gestern war ich noch glücklich
Morgen bin ich noch glücklicher

Hier will ich hin
Hier will ich sein
Auch wenn morgen schon gestern ist
Das Heute zeigt mir den Weg zu morgen
Und Heute zeigt mir ein schönes Gestern

„Weißt du, Liesel, 40 Jahre lang habe ich jeden Tag Punkt 12 das Essen für meinen Mann auf den Tisch gestellt. Ich habe Sachen gekocht, die ich nicht mal mochte, er kam aus dem Norden und ich aus dem Süden. Ich habe es so gehasst, jeden Tag!"

Sie stockte erschrocken und hielt sich die Hand vor den Mund, während sie mich mit großen Augen anschaute.

„Habe ich das jetzt gerade laut gesagt?“ Ich nahm sie fest in den Arm und drückte sie, ein tiefer, lachender Seufzer folgte und sie sagte: „Oh mein Gott, hat das gutgetan, ja, ich habe es gehasst, verdammt noch mal! Ich bereue es, das nie gesagt zu haben.“

Dies ist nur eine kleine Geschichte darüber, was uns zu dem Thema: „Ach, hätte ich doch nur“ teilweise auf lustige Art, aber auch als traurige und ermahnende Bitte, es besser zu machen, erzählt wird.

Hätte ich ….?

Wäre ich ….?

Würde ich ….?

Wir können jetzt dafür sorgen, dass diese Fragen im Alter so wenig wie möglich von Bedeutung sind.

Das Leben ist zu kurz, um Sehnsüchte zu unterdrücken, Leidenschaft nicht auszuleben, Gefühle und Wünsche nicht auszusprechen, schlecht zu essen und immer zu sagen „ABER“ oder „Das mache ich später mal“.

So oft wird gesagt, wir seien ein Leben lang auf der Suche. Und ja, wir suchen, den richtigen Ort, den einen Menschen, den besten Freund, die unglaubliche Begegnung, die große Liebe und den wahren Moment.

Doch was verstellt uns die klare Sicht auf uns selbst?

Falsche Vorstellungen, aufgesetzte Wünsche, die Ansprüche und Erwartungen von Dritten, die wir zu unseren eigenen machen, die Ängste und Sorgen, die unnötig sind, weil sie auf verfehlten Vorstellungen beruhen von dem, was wirklich zu fürchten ist und was nicht.

Die Unkenntnis des eigenen Selbst ist eine der Hauptursachen, warum viele Menschen mit ihrem Leben unzufrieden sind.

Tun, was man will, und wollen, was man tut.

Es ist gut zu wissen, was man will; aber noch viel wichtiger ist es, zu wissen und auch zu sagen, was man nicht will.

Lasst uns das Richtige wollen und tun.

„Wir alle haben unsere Päckchen zu tragen, aber manche kann man auch fallen lassen und sie mit dem Fuß wegschubsen, dann muss man sie nicht mehr tragen."
Ehemalige Postangestellte, 94 Jahre

Schweres leicht gemacht

Die Clowns Lotti und Liesel stellen sich mal wieder derartig an! Sie bekommen einfach die Tür nicht auf. Verzweifelt pressen sie sich dagegen. Also das kann doch nicht sein, dass Frau Sadrini nicht da ist! Unschlüssig sehen sie sich an, heben resigniert die Schultern.

Eine Pflegerin kommt heran, sie hat von Weitem die erfolglosen Versuche der Clowns beobachtet, ins Zimmer von Frau Sadrini zu kommen. Beherzt schiebt sie die beiden beiseite und öffnet die Tür leichthändig und schelmisch grinsend, als sei es das Einfachste der Welt.

Außer Atem kommen Liesel und Lotti ins Zimmer gestolpert und können am Bett von Frau Sadrini gerade noch stoppen, ohne hineinzupurzeln. Frau Sadrini begrüßt sie freudestrahlend. Lange haben sie sich nicht gesehen und so wird erst einmal besprochen, was es so Neues gibt.

Frau Sadrini ist Perserin und wegen Brustkrebs im Heim. Fröhlich erzählt sie, dass der Krebs nun weg ist, fügt aber lakonisch hinzu, dass ihre Brüste jetzt auch weg sind. Die Clowns schauen betroffen an sich hinunter und nicken, ja, da ist auch alles flach. Aber, fügt Liesel hinzu, wahre Delikatessen seien nun mal klein, aber fein. Frau Sadrini muss schmunzeln.

Gemeinsam erörtern die drei nun die Vorteile von nicht vorhandenen Brüsten. Nichts hängt irgendwann so weit hinunter, dass man blaue Knie bekommt, man kriegt keine Rückenschmerzen und überhaupt ... das Dekolleté lässt sich doch wunderbar ausstopfen. Liesel veranschaulicht die Idee mit zwei Orangen, die sie auf dem Tisch findet. Frau Sadrini kichert, winkt die Clowns zu sich heran und flüstert verschwörerisch, dass ihr Mann eigentlich nix sagen kann, schließlich hat er keine Prostata mehr.

Anschließend dichtet sie lauthals: „Ohne Busen, ohne Schwänzchen, machen wir ein schönes Tänzchen.“ Liesel und Lotti sind erst baff, müssen dann aber mitlachen, stimmen in den Reim ein und tanzen schließlich fröhlich ums Bett.

Clown: „Sie sehen bezaubernd aus!"
Gertrud, 88 Jahre: „Das weiß ich.
Nur die anderen wissen es nicht!"

Der Keuschheitsgürtel

Siechlinde – so dürfen wir dich ja nennen – wie lange warst du verschwunden, und wir wussten nicht, ob wir dich wiedersehen. Komplizierter Hüftbruch. Krankenhaus. Reha. Und das alles mit deinen vielen Vorerkrankungen.

Immer wenn wir vor deiner verschlossenen Tür standen, schauten wir uns ratlos an – immer in der Ungewissheit, ob du das alles überlebst.

Die Sorgen waren nicht unbegründet, wie wir heute erfahren, als wir dich endlich wiedersehen. Mit einem monströsen Gestell, welches aus deiner Hüfte ragt, und einem fragenden Blick, der Bände spricht. Was hat „der da oben" sich gedacht bei dem Ganzen?

Na ja, er wollte dir jetzt endlich mal einen Keuschheitsgürtel verpassen, mutmaßt Lotti, und Liesel fragt, wer da wohl alles den Schlüssel dafür hat. Mit einem süffisanten Grinsen erklärst du uns, dass nur du den Schlüssel hast und ihn auch nicht mehr hergibst.

Aber die Hüfte ist schon ein richtiges Luder! Sie schmerzt und hört einfach nicht auf dich. Oder spricht irgendeine andere Sprache.

Vielleicht hört sie nur auf Musikalisches, denken wir zeitgleich, und Lotti fängt an zu singen.

„Hüfte du, was bist für ein Luder,
ab heute übernimmt Siechlinde wieder das Ruder!
Und du gibst Ruh,
aber im Nu!"

Irgendwie kommen wir dann auf das Thema Pferde und dass du jetzt ein Einhorn bist, mit richtigem Geschirr, aber das Horn fehlt.

„Vielleicht ist es aus Versehen hinten gewachsen?", vermutet Liesel, und du stellst fest, dass sie schon ganz schön frech sei. Oh ja, liebe Adoptiv-Oma, das liegt in ihrer Natur. Dann kommen deine Liebeserklärungen, und das verschlägt uns ausnahmsweise mal die Sprache. Du sagst, dass wir mit das Beste sind, was dir im Leben passiert ist. Und deine Vampirzähnchen (in Gold) blitzen dabei auf.

Wir erklären dir dann, dass du berühmt bist, weil wir allen Leuten immer verkünden, wie tapfer du mit deinem Leid umgehst.

Du sagst uns, dass du die letzten Wochen immer wieder dran gedacht hast, Schluss zu machen, und dich dann immer wieder umentschieden hast.

Wir verstehen dich gut. Auch, dass du Angst hast vor der morgigen Operation, wenn sie dir deinen Keuschheitsgürtel wieder rausnehmen.

Wir stellen uns gemeinsam vor, wie du in den Operationssaal geschoben wirst, rechts und links von uns Rotnasen flankiert, und wie du dann, wie die Queen, dem hübschen Oberarzt zuwinkst. Schon musst du wieder lachen – wie wir das an dir lieben!

Auf bald, tapfere Siechlinde.

Ritterschlag

Eine kurze schöne Begegnung im Hospiz:
Der beste Freund der Dame ist ebenfalls im Zimmer und sie erzählt, wie er auch an schweren Tagen nicht von ihrer Seite weicht. Daraufhin wird der junge Mann spontan von den Clowns zum Ritter geschlagen, natürlich mit einem Besenstiel als Schwert, vielen kleinen Seifenblasen und einer schief gespielten Trompeten-Fanfare.

„Ich konnte nachts nicht schlafen, da bin ich ins Bad und hab in den Spiegel geschaut und habe mir gedacht: Ja klar, du Depp, hast ja die Augen gar nicht zu.“

Alois, 86 Jahre

Wadim und der Schneemann

Liesel und Lotti sind heute zu Besuch in der Wachkoma-Station.

Als Weihnachtswichtelclown und (B)Engelchen verkleidet, stapfen sie, ausgerüstet mit Mandarine-Zimt-Duftlampe und allerlei dubiosen Weihnachtsideen, von Zimmer zu Zimmer, bis sie endlich bei Wadim landen.

Mit ihm haben die Rotnasen schon viel erlebt. Im Sommer schoben sie ihn mit seinem riesigen Pflegebett in den Garten und sangen samt den Vögeln und dem Wind. Einmal gingen sie sogar auf die nahe gelegene Kirmes.

Heute jedoch hat es frisch geschneit und es glitzert und funkelt vor Wadims Fenster. Den Clowns ist sofort klar: Wenn Wadim wegen der Kälte nicht raus kann, dann kommt der Schnee eben zu ihm rein!

Zuerst in Form eines Schneeballs, den sie von draußen holen und der seine Hände erst sanft berührt und anschließend in einer

Schneeballschlacht zwischen Lotti und Liesel kreuz und quer durchs Zimmer saust. Bis Liesel eine Eingebung hatt: Es muss unbedingt, jetzt sofort, stante pede und unaufschiebbar ein Schneemann her. Gesagt, getan. Liesel rennt hinaus und baut einen hübschen kleinen Schneemann mit OP-Handschuh als Mütze, Stockärmchen und braunen Zapfen als Augen.

Stolz bringt sie ihn ins Zimmer, während Lotti in der Stationsküche nach einem großen tiefen Teller sucht, um mögliche Hinterlassenschaften des wärme-intoleranten Männchens aufzufangen. Wadim scheint ganz verdutzt zu sein, als er die kleine kühle Gestalt direkt vor sich im Bett sitzen hat. Dadurch, dass sie regelrecht vor ihm dahinschmilzt, dreht sie sich sogar auf ihrem Teller.

Wadim, Liesel und Lotti schauen dem Schneemann eine ganze Weile sehr zufrieden zu, bis irgendwann der Kopf und die anderen Körperteile abfallen und nicht mehr „hinzuoperieren“ sind. Einmal darf Wadim nun noch den Schnee auf seiner Hand fühlen, die dann zum Abschied sogar winkt, als Liesel und Lotti samt Teller mit wässrigem Inhalt verschwinden.

Ein Schlössle, eine Kirche, ein kleines Café, zart umarmt von einem alten Pflasterweg, der schon viele Füße trug. „Willkommen" steht auf einem kleinen Schild und die Blumen sind mit viel Liebe auf dem Tisch platziert. Unperfekte Schönheit, wohin mein Auge blickt, Achtsamkeit mit viel Geschick, ja, es ist ein kleines Glück.

Diese Geschichte ist nicht in einem Seniorenheim erlebt worden.

Ich war gerade ein paar Tage auf Schreiburlaub und – ja – ein Clown hat auch eine imaginäre Nase.

Ich habe der Dame aus dieser Geschichte mein Versprechen gegeben, dass sie in diesem Buch verewigt wird, und auch Ihnen möchte ich sie nicht vorenthalten.

Waschmaschinengespräch?

„Kommen Sie am Donnerstag zum Bingo?"

„Oh Gott, nein! Ich distanziere mich davon, mich über süße Enkel und jede Menge Krankheiten zu unterhalten."

Dieses Gespräch belauschte ich unabsichtlich und schon hatte die Dame meine volle Aufmerksamkeit. Ich schmunzelte und sah an den Nachbartisch.

Neben mir saß eine Frau in den Sechzigern bei Flammkuchen und Suser, vor ihrem Tisch stand die Dame, von der diese amüsante Antwort kam.

Ich selbst saß beim Kaffee und schrieb gerade ein Kapitel für dieses Buch.

Die Dame bemerkte meinen Blick und mein Schmunzeln und sagte noch einmal eindrücklich: „Ist doch wahr, andere Gespräche haben die alten Leute doch nicht. Aber ich geh jetzt weiter, ich trinke meinen Kaffee immer beim Bäcker Kaiser, da ist er einen Euro günstiger."

„Also, wenn Sie es annehmen können, würde ich Sie gern zum Kaffee einladen", sagte ich schnell. Es war mein Bauchgefühl, was mir sagte: Dies ist eine einmalige Begegnung.

Die Dame schaute mich skeptisch, aber mit Freude und Neugier an und sagte: „Ja stört Sie das nicht, ich bin eine alte Frau?"

„Aber nein, bitte, setzen Sie sich zu mir, ich mag alte Frauen." Mir war schon in diesem Moment klar, dass dies ein pures Geschenk war, und ich sollte mehr als überrascht werden.

„Wissen Sie, um meinen Windeleimer nicht voll zu machen, kneife ich jeden Morgen 30-mal meinen Popo zusammen."

Mein Blick war bestimmt unbezahlbar und ich verschluckte mich fast an meinem Kaffee.

Aber sie meinte das todernst. Sie fuhr gleich fort: „Das ist nur der Anfang, danach lege ich mich auf den Rücken und hebe mein linkes Bein im 90-Grad-Winkel 30-mal und danach das rechte Bein 30-mal, dann etwas schwieriger, 30-mal das Knie zum Kinn. Wenn ich damit fertig bin, setze ich mich auf meinen Lieblingssessel und trete eine Stunde auf meinem Bodenfahrrad, um dabei zu lesen, denn der Kopf muss ja auch trainiert werden."

Sie muss meinem Gesicht angesehen haben, wie beeindruckt, fast schon ungläubig ich war. Sie grinste verschmitzt und sagte stolz: „Ja, und dann gehe ich jeden Tag zwei Stunden laufen, eine Stunde hin und eine Stunde zurück, trinke beim Kaiser meinen Espresso und esse vegetarisch, und das alles mache ich seit über vierzig Jahren, jeden Tag. Mein Arzt hat mir letzte Woche erst gesagt: Ihr Körper hat nichts mit Ihrem Lebensalter zu tun."

„Das glaube ich sofort", sagte ich immer noch völlig kleinlaut und: „Ich weiß ja nicht mal, wie alt Sie sind."

Sie tat einfach so, als hätte sie mich gar nicht gehört, und erzählte weiter. Ich kannte nicht einmal ihren Namen und sie auch nicht den meinen, aber das schien hier und jetzt auch nicht wichtig zu sein.

Ihre Lebensgeschichte war beeindruckend und ich hoffte, dass ich mir alles merken konnte.

In einer kleinen Erzählpause fragte ich sie, ob ich ein paar Notizen machen dürfe, und mir war da schon klar, dass das, was diese Dame zu erzählen hatte, eine Geschichte wert war. Dies war auch der Moment, als ich ihr versprach, dass – wenn sie es erlaube – ihre Geschichte ins Buch kommt.

Es wurde eine schicksalhafte Begegnung zwischen uns inklusive verschiedener Emotionen und Gänsehaut.

Geboren ist die Dame in Erfurt, das auch meine Heimatstadt ist. Im Krieg und nach sechs Jahren, in denen sie immer wieder viele Tage im Luftschutzbunker verbringen musste, kam sie ins Waisenhaus, welches auch später für eine Zeit lang mein Zuhause war. Was war das für ein unfassbarer Zufall, dass man auf dem Marktplatz in Bad Kissingen einen fremden Menschen trifft und es diese Gemeinsamkeiten gibt?

Natürlich zog sie nach dem Krieg in die weite Welt hinaus, etwas anderes hätte gar nicht zu dieser Persönlichkeit gepasst. In über zwölf Ländern, ob in einem Zelt in der Mongolei, in einer Wellblechhütte in Sibirien oder im Hilton in Amerika hat sie gelebt.

Sie hielt unzählige Vorträge über Diplomatie. Was nach ihrer Meinung heute wieder sehr nötig sei. Auf einer Südseeinsel gab sie einem vor ihr knienden Richter in romantischer Form einen Korb mit der Aussage: „Jetzt wo ich 50 bin, entscheide ich mich dafür, allein zu bleiben und mein Leben noch mehr zu genießen.

Sie wurde noch Profi-Bridge-Spielerin und fuhr bis zu ihrem 85. Lebensjahr Auto, und zwar immer zu schnell, wie sie selber sagte.

In diesem Alter entschied sie sich dann auch, ihre Wohnung aufzugeben und in ein Seniorenheim, zu ihresgleichen, zu gehen, wie sie schmunzelnd zugab. „Tja, zu dieser Zeit konnte ich ja nicht ahnen, wie alt ich mal werde, nun bin ich schon 13 Jahre im Altersheim."

Ja, die Dame, die vor mir saß, war tatsächlich 98 Jahre alt, fit wie ein Turnschuh und alle „Bücher waren noch im Regal". Sie hatte nicht nur ein aufregendes Leben, nein, ihr Selbstbewusstsein und die Achtung vor sich selbst beeindruckten mich zutiefst.

Drei unbeschreiblich schöne Stunden später schaute sie mich an und sagte: „Ich führe oft Waschmaschinengespräche, da bleibe ich stehen. Wenn ich aber bemerke, dass mein Gegenüber ein höheres Niveau hat, dann setze ich mich. Sie haben, genau wie ich, eine maskuline Denkweise, Sie waren für mich ein Anker der Beurteilung, Sie sind meine Ergänzung."

Sie können sich bestimmt vorstellen, wie demütig und beschenkt ich mich gefühlt habe. Dankend sah ich sie an und sagte: „Eine Frage habe ich noch: Wie heißen Sie eigentlich?"

Und wie sollte es anders sein, die Antwort konnte nur von dieser Dame kommen: „Mein Name ist so hässlich, den benutze ich schon seit einem halben Jahrhundert nicht mehr."

Wir verabschiedeten uns herzlich und ich hoffe aus tiefstem Herzen, dass ich ihr das Buch noch persönlich übergeben kann.

Ihnen wünsche ich genau solche Begegnungen und die Zeit, zuzuhören, wenn Ihnen eine solche Gelegenheit geboten wird.

Ich bekam im Café tatsächlich von einigen Besuchern und auch vom Personal teils mitleidige Blicke, die mich ein bisschen traurig gemacht haben, da keiner von ihnen diese wundervolle Geschichte gehört hat.

Sagen Sie einfach mal ganz spontan: „Setzen Sie sich doch zu mir."

Ich habe für mein Leben, welches hoffentlich auch so lang dauern wird, ganz viel mitnehmen können, vieles davon bleibt mein Geheimnis, aber eins verrate ich Ihnen: Ich möchte auch einmal von einer jungen Frau zum Kaffee eingeladen werden, wenn ich so alt bin, und meine aufregende Geschichte erzählen.

Katrin Jantz

Danksagung

Eines ist völlig klar: Ohne diese und noch viele andere Menschen mehr wären unsere Clownsarbeit und das Entstehen dieses Buch nicht möglich gewesen.

Da sind die unvergesslichen Senioren und Señioritas und all die anderen BewohnerInnen, Pflegenden und Organisierenden, die uns in den Einrichtungen vertrauensvoll begegnen und uns ihre Türen und ihre Herzen öffnen.

Wir danken allen Unterstützern von Förderkreis *Gute Clowns Ulm e. V.* - ohne euch wäre all das nicht möglich!

Da ist Nik Schölzel, der uns immer wundervoll unterstützt – egal, was wir wieder aushecken – und der das Foto für das Buchcover und einige der schönen Fotos beigesteuert hat. Ebenso danken wir Martina Dach für die empathische fotografische Begleitung und die daraus entstandenen intensiven Fotos, die Sie hier im Buch sehen.

Und natürlich unseren Familien, die von Anfang an hinter uns standen, und Papschke – Hans Münch, der die Texte immer wieder durch seinen liebevollen Blick bereicherte.

Ein dickes Danke auch an Joachim Zeller, der völlig selbstlos unsere grammatikalischen Unzulänglichkeiten ausgemerzt und die Geschichten mit berührender Unterstützung überarbeitet hat.

Danke schön an unsere bezaubernden ClownskollegInnen, mit denen wir täglich Wunder erleben dürfen, und unsere fabelhaften

ClownslehrerInnen, von denen wir immer wieder aufs Neue inspiriert werden.

Danke an Thomas Schmitz von Schmitz & Merz, Service für Autoren und Verlage, der sofort an diese Geschichten geglaubt hat und uns immer hilfsbereit und klug zur Seite stand. Und an Ursula Frühe und Uschi Gsell, die uns immens unterstützten, indem sie Unterstützung organisierten.

Danke an das Hospiz Ulm, wo wir so viel übers Leben und Sterben lernen durften und immer noch dürfen. Und dann sind da noch Robert Kiesinger (ein Mann der Tat), Helmut und Lars (liebevolle Begleiter), Marielis Brommund-Hungerbühler (immer unterstützend), Sybille Ugé (absolutes Clowns-Vorbild) und all die anderen, die uns so warmherzig begleiten.

Auch allen Organisationen und Vereinen, die die wertvolle Clownsarbeit in die Welt tragen, möchten wir danken.

Dann auch großen Dank an den unbekannten Clown, der vor vielen Jahren Katrin im Krankenhaus begegnet ist und der den Samen für all das gesät hat.

Einen fulminanten Dank schicken wir hinauf zu Hildchen, die uns mit 103 Jahren auf dem Sterbebett den Titel für dieses Buch geschenkt hat.

Wenn Sie mehr über unsere Arbeit erfahren möchten: www.guteclowns.de